1日1分！英字新聞
エクスプレス

石田 健

祥伝社黄金文庫

まえがき

常に手の届くところに"英語"を！

　本書はどのページから読んでもらってもかまいません。むしろ、そのようにシャッフルして読んでいただきたいです。最初から順番に読み進めていく必要はありません。また机に向かって読む必要もありません。

　ソファやベッドに寝転んで、通勤、通学電車で、会社や学校のお昼休みの気分転換に、さまざまな生活シーンに本書を溶け込ませてください。2、3記事読んだら、本書を伏せるのもよいでしょう。

　しかし、常に手が届くところに〈英語〉を置いておくこと。これが英語学習の秘訣です。携帯電話を常に持ち歩くように、本書を持ち歩いてください。それだけで、1年後、あなたの英語力は飛躍的に伸びるはずです。

　自宅にいて時間があるときは、音読することをお勧めします。正確な発音に注意をはらってください。リスニングが苦手という日本人が多いですが、実は、英語を明瞭に聞き取れない人は、英語を正しい発音で話すことができないのです。リスニングとスピーキングは実はコインの表裏なのです。

また音読をすると脳の働きが通常とは違う働きをするそうです。記憶にも定着しやすいと言われています。

　最初は発音、アクセントに注意しながらゆっくりと、そして2回目はスピードアップして！

　さて、これまで「コラム」のページは、英語学習のTIPS的なものが多かったのですが、今回は、視点を変えて、僕の読書法、趣味、好きな映画といった英語から少し離れたところにフォーカスをおいてみました。

「1日1分！英字新聞」シリーズはこれまで、7巻刊行され、今回は8巻目。題名を「1日1分！英字新聞　エクスプレス」としました。メルマガは10年、書籍は8年を迎えたわけです。よくここまで続いてきたものです。

　これも読者の皆さんの暖かい声援があってのことです。本当に感謝です。さらに、編集を協力してもらっている気鋭の翻訳家、ギャンツ倖起恵さん、そして僕が経営する翻訳会社の2名のスタッフ、飯塚美穂、加藤万理、そして祥伝社黄金文庫の編集部の方々のご協力があってのことです。この場を借りてお礼申し上げます。

2010年3月
石田　健

この本の使い方

英文……2009年4月から2010年3月までの膨大な新聞記事の中から、とくに話題を集めた記事120本を厳選しました！ 政治、経済からスポーツ、芸能まで、盛りだくさんの内容で飽きません。

短い文章ですが、単語や表現にてこずって、最初は読み進めるのに5分以上かかるかもしれません。しかし、気にしないでください。120本を読み終わったときには、1分間で読めるようになっています！

チェック！……記事に出てくる重要語彙を紹介しています。覚えた単語は□欄でチェックしましょう！

対訳……記事をこなれた日本語に翻訳しています。

訳出のポイント……日本人が間違いやすい項目や英字新聞の読み方、重要な文法事項をわかりやすく解説！ ここを読むだけでも、英語力がつきます。

編集後記……記事の理解を深めるために、事件の背景、追加情報などを紹介しています。

音声ダウンロード……本書に掲載されている英文すべてを、ネイティブスピーカーが朗読しています。祥伝社のホームページから無料でダウンロードが可能です。詳しくは、本書最後の袋とじのページをご覧ください。

Contents

まえがき ……………………………………………… 003

この本の使い方 …………………………………… 005

読者の声をご紹介します！ ……………………… 008

●2009年4月 April,2009 ………………………… 009

石田健の『日々雑感』
海外で活躍する日本人はもっと英語を！ ……… 032

●2009年5月 May,2009 ………………………… 033

石田健の『日々雑感』
僕の趣味、ゴルフ、ピアノ ……………………… 056

●2009年6月 June,2009 ………………………… 057

石田健の『日々雑感』
石田の典型的な1日 ……………………………… 078

●2009年7月 July,2009 ………………………… 079

石田健の『日々雑感』
休日の過ごし方 …………………………………… 100

●2009年8月 August,2009 ……………………… 101

石田健の『日々雑感』
早寝早起きのすすめ ……………………………… 122

- ●2009年9月 September,2009 …… 123

【石田健の『日々雑感』】
好きな作家など …… 144

- ●2009年10月 October,2009 …… 145

【石田健の『日々雑感』】
影響を受けた映画 …… 168

- ●2009年11月 November,2009 …… 169

【石田健の『日々雑感』】
僕が好きな海外旅行先（1）バリ …… 192

- ●2009年12月 December,2009 …… 193

【石田健の『日々雑感』】
僕が好きな海外旅行先（2）ハワイ～マウイ島 …… 214

- ●2010年1月 January,2010 …… 215

【石田健の『日々雑感』】
僕が好きな海外旅行先（3）グアム、サイパン …… 236

- ●2010年2月 February,2010 …… 237

【石田健の『日々雑感』】
石田の読書法 …… 260

- ●2010年3月 March,2010 …… 261
- ●索引 …… 274

読者の声をご紹介します！

　本書はご好評をいただいております『1日1分！英字新聞』シリーズの8作目です。シリーズに寄せられた読者のみなさまの声の一部をご紹介いたします。

●英字新聞というと敷居が高いと思っていましたが、この本と出合ったことで英字新聞を気軽に読むことができるようになりました。　　　　　　　　　（東京・学生・24歳）

●本のサイズがポケットに入るコンパクトな点が気に入りました。通勤時、電車を待っている時間、乗っている時間にさっと取り出して隙間時間を活用して勉強ができます。　　　　　　　　　　　　　（東京・陸上自衛官・53歳）

●英字新聞の重要な記事を取り上げて、解説してあるので、英語だけでなく国際情勢や世界の出来事を勉強できるのがよい。　　　　　　　　　　（大阪府・公務員・28歳）

●短い英文なので、短時間に英語の復習ができてとてもよいと思います。　　　　　　　　　　（広島・学生・22歳）

●無料の音声ダウンロードでリスニングも勉強できるのがTOEICのリスニング対策にも役立ちました。
　　　　　　　　　　　　　　　　（神奈川・会社員・35歳）

April, 2009
2009 年 4 月

- Wood's Triumph Generates Highest TV Rating since U.S. Open (Apr1, スポーツ)

- N Korea Satellite Fails to Make Orbit (Apr6, 国際)

- Ex-Beatles Reunite for Charity (Apr7, 芸能)

- GM, Segway Unveil New 2-Wheeled Electric Vehicle (Apr9, 社会)

- Report: Toyota's Operating Loss for 2009/10 May Hit $5 Billion (Apr13, 経済)

- Angelina Jolie Is the World's Most Beautiful Woman (Apr15, 芸能)

- 5-Hour Queue for Tokyo Disneyland's New Attraction (Apr16, 社会)

- Obamas Declare Income of $2.65m for 2008 (Apr17, 国際)

- Japan's 'Curry Killer' Condemned to Death (Apr23, 日本)

- SMAP Member Kusanagi Arrested for Public Indecency (Apr24, 芸能)

- Pandemic Fears Grow over Swine Flu (Apr27, 国際)

Wood's Triumph Generates Highest TV Rating since U.S. Open

Tiger Woods's exciting comeback victory on Sunday at the Arnold Palmer Invitational produced the highest television rating for a golf event since last year's U.S. Open.　　　　　　　Apr1,2009

• 👉 チェック！ •

- **triumph**[tráiəmf] 勝利
- **TV（television）rating** テレビ視聴率
- **generate**[dʒénərèit] 生む、起こす、作り出す

✍ 対訳

「ウッズの勝利、U.S. オープン以来最高の TV 視聴率」

日曜日のアーノルド・パーマー招待におけるタイガー・ウッズの心躍る復活勝利の視聴率は、ゴルフ中継としては昨年の全米オープン以来最高だった。　　2009年4月1日

👍 訳出のポイント

- triumph の語源はギリシア語の thriambos で、これは "酒神バッカスに捧げる歌" という意味です。
  古代ギリシアでは勝利や成功の際に酒神バッカスに歌を捧げて祝ったということから、「勝利」「成功」の意味に使われるようになったようです。
  本文で使われている victory も同じ意味の名詞ですが、triumph の方が硬い単語であり、より強い意味で使われ、「決定的な勝利」「大成功」といったニュアンスに近くなっています。

- rating は「評価」「格付け」という意味の名詞ですが、そこから「人気度」「視聴率」という意味でも使われます。
  そこで、television (TV) rating で「テレビ視聴率」となります。

- produced the highest television rating for a golf event の部分を直訳すると「(タイガー・ウッズの復活勝利が) ゴルフのイベントとしては最高のテレビ視聴率を生み出した」となります。
  これを対訳では「(タイガー・ウッズの復活勝利の) 視聴率は、ゴルフ中継としては最高だった」と意訳しているわけです。また、タイトルでは produce の代わりに動詞 generate が使われていますが、どちらも「生む」「作り出す」という意味で、「高視聴率を生む」→「高視聴率をもたらす」ことを表しています。

11

N Korea Satellite Fails to Make Orbit

North Korea failed in its attempt to get a satellite into orbit after it launched a rocket Sunday morning, the U.S. and South Korean military said.

Apr6,2009

• ☝ チェック! •
- □ **satellite**[sǽtəlàit] （人工）衛星
- □ **fail in**　～に失敗する
- □ **get ~ into orbit**　～を軌道に乗せる

対訳

「北朝鮮の人工衛星、軌道に乗らず」

日曜日午前中に北朝鮮がロケットを発射した後に、米軍と韓国軍は人工衛星を軌道に乗せる北朝鮮の試みは失敗した、と発表した。　　　　　　　　　　　2009年4月6日

訳出のポイント

- satellite は「衛星」を意味する名詞。したがって、「人工衛星」は正式には artificial satellite ですが、satellite だけで「人工衛星」の意味で使われることも多いのが実情です。

- fail は「失敗する」「しくじる」という意味の基本的な動詞。英字新聞では fail to V 「～し損なう」「～するのに失敗する」という形で頻出ですが、《fail in ＋名詞》「～に失敗する」という言い方でも使われます。
  今日の場合は、fail in one's attempt to ～で「～しようという試みに失敗する」という形になっています。

- orbit は「軌道」という意味の名詞で、get into orbit で「軌道に乗る」。また、get ～ into orbit だと「～を軌道に乗せる」という言い方になります。そこで、attempt to get a satellite into orbit の部分は「人工衛星を軌道に乗せようという試み」という意味になっています。

- 北朝鮮が「人工衛星を搭載している」と主張する飛翔体は、1弾目は日本海に、残りは先端のペイロードと呼ばれる部分とともに太平洋に落下したと見られています。人工衛星などを搭載していたかどうかなどの詳細は不明ということ。

Ex-Beatles Reunite for Charity

Former Beatles Paul McCartney and Ringo Starr performed together on Saturday at a New York charity concert to raise money to promote Transcendental Meditation. Apr 7, 2009

☞ チェック！

- □ **reunite**[rijú:nit] 再会する、再結合する
- □ **raise money** 資金を集める
- □ **promote**[prəmóut] ～の普及を促進する
- □ **Transcendental Meditation** 超越瞑想

対訳

「元ビートルズがチャリティーで共演」

元ビートルズのポール・マッカートニーとリンゴ・スターが土曜日、『超越瞑想』普及のための資金集めを目的としたニューヨークのチャリティー・コンサートで共演した。

2009年4月7日

訳出のポイント

- reunite は「再会する」「再結合する」という意味の動詞ですが、解散した音楽グループのメンバーが、後に再び「共演する」場合や「再結成する」ときにしばしば用いられる単語でもあります。
- raise money は「資金を調達する」という表現で、とくに「寄付金を募る」といったニュアンスでも使われます。
- promote は「〜を推進する」「〜を進展させる」という意味の動詞。商品などを「販売促進する」＝「宣伝する」という意味の動詞として覚えている人もいることでしょう。基本的に「〜の普及（あるいは発達・成長など）を促進する」というニュアンスで捉えておくと、わかりやすいかもしれません。ここでは、promote Transcendental Meditation で「超越瞑想の普及を促進する」→「超越瞑想を普及させる」ということです。
- Transcendental Medication（= TM）は、「超越瞑想」あるいは「トランセンデンタル・メディテーション」といわれる瞑想法。インド人創立者 Maharishi Mahesh Yogi マハリシ・マヘーシュ・ヨーギーは、1960年代には米国を中心に活動し、ヒッピーたちから絶大な支持を得ました。ビートルズがストレス対処法としてインドで TM を学んだことは広く知られています。そして、今回は映画監督 David Lynch デヴィッド・リンチが創設したチャリティー団体が、子どもたちに超越瞑想を学ぶ機会を提供するための資金作りを目的に行ったものということです。

15

GM, Segway Unveil New 2-Wheeled Electric Vehicle

General Motors Corp. announced on Tuesday that the U.S. automaker is teaming up with Segway Inc. in developing a two-wheeled, two-seat electric vehicle for convenient, safe, and clean urban transportation.   Apr9,2009

・☞チェック！・
- ☐ **two-wheeled**　二輪の
- ☐ **electric vehicle**　電動の乗物
- ☐ **team up**　共同する
- ☐ **urban transportation**　都市交通

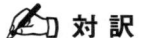 対訳

「GM とセグウェイ、新しい電動二輪車を発表」

米自動車メーカーのゼネラル・モーターズ社は火曜日、セグウェイ社と共同で、便利・安全でクリーンな都市交通のための二人乗り電動二輪車を開発していると発表した。

2009年4月9日

 訳出のポイント

- team は誰でも知っている名詞で「チーム」「組」の意味ですが、今日は「チームをつくる」という意味の動詞として登場しています。そして、team up で「協力する」「共同する」という意味の句動詞になります。ここでは team up with ～ in… 「～と…において協力する」→「～と共同で…する」という形で使われています。

- clean は「きれいにする」「掃除する」という意味の動詞としても頻出ですが、もともとは「汚れていない」「きれいな」という意味の形容詞。ここから、空気や水などが「有害物質に汚染されていない」場合、さらにはエネルギー源などが「有害物質を出さない」という場合にも用いられます。こういった意味では、日本語でも「クリーンな」という言い方が定着してきているようです。

- Segway は米国の発明家 Dean Kamen が開発した電動二輪車で、会社名でもあります。従来は立ち乗り式ですが、今回 GM と共同で開発しているのは座席に座る二人乗り。リチウムイオン電池を用いて最高時速は約 56 キロ、1 回の充電で最長 56 キロの走行が可能といいます。また、車両同士の相互通信機能を備え、自動で衝突を防止したり、渋滞を回避できる、ということです。

Report: Toyota's Operating Loss for 2009/10 May Hit $5 Billion

Toyota Motor Corp.'s operating loss could expand to over 500 billion yen ($5 billion) for the year to March 2010, as the world's largest automaker has been hit by a global economic crisis, a Japanese daily reported Sunday. Apr13,2009

• 👉 チェック！ •

- □ **operating loss**　営業損失
- □ **expand**[ikspǽnd] 拡大する
- □ **global economic crisis**　世界的経済危機

対訳

「報道：トヨタ、2009–2010 年の営業損失 50 億ドル超か」

世界的な経済危機の打撃から、世界最大の自動車メーカー、トヨタ自動車の 2010 年 3 月期の営業損失が 5000 億円（50 億ドル）を超える可能性がある、と日本の日刊紙が日曜日に伝えた。　　　　　　　　　　　　　2009 年 4 月 13 日

訳出のポイント

- 企業の営業活動によって発生した損益が「営業損益」operating profit and loss で、これが赤字の場合は operating loss「営業損失」となるわけです。
- expand は、大きさ・数量・規模などが「大きくなる」「拡大する」「膨張する」という意味の動詞。expand to ～で「～に（まで）拡大する」という言い方になります。
- over は「～を超えて」「～より多くて」という意味の前置詞なので、could expand to over 500 billion yen の部分を直訳すると、「（トヨタ自動車の営業損失が）5000 億円を超えて拡大する可能性がある」となります。対訳では、簡潔に「5000 億円を超える可能性がある」としています。
- hit はもともと「打つ」「たたく」という意味の動詞ですが、ここから「襲う」「攻撃する」という意味にも使われます。また、地震や台風などの天災、事故などの人災が「襲う」→「起こる」場合や、経済不況やスキャンダルが「打撃を与える」場合などにも用いられます。また、こういったときには、今日のように受動態「～に打撃を受ける」という形で登場することが多くなります。そこで、as the world's largest automaker has been hit by a global economic crisis の部分は、「世界最大の自動車メーカー（＝トヨタ）が世界的経済危機に打撃を受けていることから」ということです。

19

Angelina Jolie Is the World's Most Beautiful Woman

U.S. Actress Angelina Jolie was named the world's most beautiful woman in an online poll by Vanity Fair magazine, earning 58 percent of the vote.

Apr15,2009

チェック！
- **online poll**　オンライン投票
- **Vanity Fair**　（雑誌名）ヴァニティフェア
- **earn**[ə́:rn] 獲得する

対訳

「アンジェリーナ・ジョリー：世界一美しい女性」

ヴァニティフェア誌によるオンライン投票で、米女優のアンジェリーナ・ジョリーが票の58％を獲得して、世界で最も美しい女性に選ばれた。　　　　2009年4月15日

訳出のポイント

- name は動詞だと「～に名前をつける」「～を指名する」などの意味になります。ここから、受動態の be named ～という形も、「～に指名される」→「～に選ばれる」の意味でしばしば登場します。

- poll の語源は「頭のてっぺん」という意味のオランダ語で、ここから「頭→頭の数を数えること」＝「投票」「投票数」「投票結果」という意味の名詞になっています。「世論調査」や新聞・雑誌などによる「人気投票」の意味でも使われます。今日の場合は online poll で「オンライン（人気）投票」ということです。

- earn は earn money「お金を稼ぐ」というように、働いて「稼ぐ」「暮らしを立てる」「収入を得る」という意味の動詞。また、信用・名声・地位などを「得る」「獲得する」といった意味にも使われます。ここでは、earning 58 percent of the vote で「投票の58％を獲得する」となっています。

- Vanity Fair は、1914年に創刊された米国の雑誌で文化・ファッション・政治などを扱ってきましたが、近年ではファッション誌としての色彩が強くなっています。今回『ヴァニティフェア誌』が行った "the most beautiful woman in the world" のオンライン投票では、アンジェリーナ・ジョリーが投票の58％を獲得。2位のブラジル出身スーパーモデル Gisele Bundchen ジゼル・ブンチェン（9％獲得）以下に大差をつけて "世界一の美女" に輝いたということです。

5-Hour Queue for Tokyo Disneyland's New Attraction

Tokyo Disneyland opened its first new attraction in five years on Wednesday. Eager visitors lined up for more than five hours to take a ride on "Monsters, Inc. Ride & Go Seek!"   Apr16,2009

チェック!
- **queue**[kjúː] 行列
- **eager**[íːgər] 熱心な
- **take a ride** 乗る

対訳

「東京ディズニーランド、新アトラクションで5時間待ち」

東京ディズニーランドに水曜日、5年ぶりに新アトラクションがオープン。熱心な入園者らは、この『モンスターズ・インク "ライド＆ゴーシーク！"』に乗るために5時間以上行列待ちをしていた。　　　　2009年4月16日

訳出のポイント

- queue は、順番を待つ人や車の「列」「行列」を意味する名詞です。[kju:]（キュー）という発音にも注意しておきましょう。ただし、主に英国で使われる単語で、米国では同じ「行列」の意味に line を用いることが多くなります。

- its first new attraction in five years の部分を直訳すると「5年間で初めての新アトラクション」となり、「5年ぶりの新アトラクション」ということです。さて、前述の line は名詞だけでなく、「並ぶ」という意味の動詞にもなります。そこで、line up は「一列に並ぶ」「行列をつくる」という言い方になっています。

- ride は動詞「〜に乗る」でもありますが、名詞で「乗ること」「ドライブ」という意味。したがって、take a ride on 〜で「〜に乗る」という意味の句動詞になります。東京ディズニーランドの新アトラクション "Monsters, Inc. Ride & Go Seek!" は、02年公開のディズニー映画「モンスターズ・インク」の世界を再現したもの。モンスターたちが働く「モンスターズ社（インク）」を、3人乗りのセキュリティートラムに乗り（= ride）、モンスターのサリーやマイク、人間の女の子ブーと一緒にかくれんぼに参加します。ロッカールームや、トイレに隠れているモンスターたちをフラッシュライトで照らして探しに行く（= go seek）という内容だそうです。

23

Obamas Declare Income of $2.65m for 2008

U.S. President Barack Obama and his wife Michelle earned $2.65 million in 2008, most of which came from sales of his two books, according to tax returns released by the White House on Wednesday.

Apr17,2009

→ 👉 チェック！ •
- ☐ **declare income**　所得を申告する
- ☐ **tax return**　納税申告、確定申告

対訳

「オバマ夫妻の 2008 年確定申告、265 万ドル」

水曜日にホワイトハウスが公表した納税申告によると、バラク・オバマ米大統領とミシェル夫人の 2008 年の所得は 265 万ドル（約 2 億 6300 万円）だった。その大部分は大統領の著作 2 冊の売上によるものだという。

2009年4月17日

訳出のポイント

- タイトルの主語ですが、Obama ではなく Obamas と複数形になっているのに注意してください。日本人の感覚だと少し不思議ですが、固有名詞である人の姓や名は複数名で使われることもあるのです。例えば「この部屋の中には犬が 3 匹いる」が There are three dogs in this room. となるように、「この部屋の中には鈴木さんが 3 人いる」というときには、There are three Suzukis in this room. となるのです。そして、今日の場合は、本文を読めばわかるように、大統領の Barack Obama とその夫人 Michelle Obama の 2 人合わせた所得が 265 万ドル（約 2 億 6300 万円）だという文脈です。したがって、タイトルの主語もこの 2 人ということになり、Obama の複数形である Obamas となっているわけです。

- 所得税の「確定申告」は (income) tax return といい、「所得税の確定申告をする」は file a tax return。欧米では夫婦がひとつの世帯として「合算申告する」file a joint return 場合が多く、大統領夫妻もその例に漏れないということです。

- 米国では 4 月 15 日は tax day と呼ばれる所得税納税期日。毎年ホワイトハウスでは大統領・副大統領の納税内容を公表するのが伝統になっています。オバマ大統領の著作 2 冊はどちらも過去数年にわたってベストセラーリストに載り続けていて、これらの印税が所得の大部分を占めているそうです。

25

Japan's 'Curry Killer' Condemned to Death

Masumi Hayashi, who killed four and poisoned 63 people with arsenic-laced curry in 1998, lost her final appeal against a death sentence at the Supreme Court on Tuesday.　　　　　　　Apr23,2009

・☜チェック！・

☐ **condemn to death**　死刑判決を下す
☐ **arsenic-laced**　ヒ素入りの
☐ **final appeal**　上告
☐ **the Supreme Court**　最高裁判所

✍ 対訳

「日本の『カレー殺人』に死刑判決」

1998年にヒ素入りカレーで4人が死亡し63人が中毒になった事件で、火曜日に最高裁は林真須美被告の死刑に対する上告を退けた。　　　　　　　　　　　2009年4月23日

訳出のポイント

- condemn は「非難する」「責める」「強いる」という意味の動詞。condemn 人 to ~ で「人に~を強いる」→「人に~の判決を下す」という言い方になります。
今日のタイトルでは、Japan's 'Curry Killer' (Is) Condemned to Death のように受動態の be 動詞が省略されていますが、is condemned to death で「死刑判決を下される」ということになっています。

- lace は洋服につける飾りの「レース」あるいは「靴ひも」という意味で知られる名詞ですが、飲料に少量加える酒精 (spirits) の意味もあります。ここから、lace は「(飲料に) 酒精 (強い酒) を加える」という意味の動詞としても使われます。また、酒精だけではなく「毒を加える」の意味でも用いられます。laced だと「~が加えてある」「~入りの」という形容詞になります。そこで arsenic-laced curry で「ヒ素入りカレー」ということです。

- final appeal は「上告」で、final appeal against ~「~に対する上告」となります。
後半の lost her final appeal against a death sentence at the Supreme Court の部分は直訳すると「(林被告は) 最高裁において死刑に対する上告に負けた (敗れた)」。すなわち「最高裁は (林被告の) 死刑に対する上告を退けた」ということです。

SMAP Member Kusanagi Arrested for Public Indecency

Tsuyoshi Kusanagi, a member of the Japanese pop group SMAP, was arrested early Thursday for stripping naked under the influence of alcohol at a park in central Tokyo.　　　　　Apr24,2009

チェック！
- **public indecency**　公然わいせつ
- **strip naked**　全裸になる
- **under the influence of alcohol**　酒に酔って

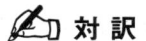 対訳

「SMAP メンバーの草彅容疑者、公然わいせつで逮捕」

日本のポップグループ SMAP のメンバー、草彅剛容疑者が木曜日の未明に、東京中心部の公園で酒に酔って全裸になっていたとして逮捕された。　　　　2009年4月24日

 訳出のポイント

- decency は言葉遣いや行動・服装などの「上品さ」「礼儀正しさ」、あるいは「良識」「慎み」という意味の名詞です。
  タイトルに登場している indecency はこの decency に否定の接頭辞 in- がついたもので、「下品」「無作法」「みだら」「わいせつ」といった意味です。
  そこで、public indecency は「公然わいせつ」。その内容を具体的に説明しているのが本文の後半、stripping naked under the influence of alcohol…です。

- strip は「ストリップショー」などというように、「衣服を脱ぐ」という意味の動詞で、strip naked で「服を脱いで丸裸になる」→「全裸になる」という言い方です。

- under the influence of alcohol は直訳すると「アルコールの影響下で」。つまり、アルコール（飲酒）の影響によって、冷静な判断ができないような様子を指す表現となっています。「酒に酔って」「酒気を帯びて」などの日本語にあたる言い方です。ちなみに、driving under the influence of alcohol だと「飲酒運転」です。
  そこで、本文の後半 stripping naked under the influence of alcohol…の部分は、「(東京中心部の公園で) 酒に酔って全裸になっていた」ということになります。そして、この部分はタイトルの public indecency「公然わいせつ」を説明する内容となっているわけです。

Pandemic Fears Grow over Swine Flu

The outbreaks of swine flu, that killed as many as 81 people in Mexico, have the potential to lead to a global pandemic, the World Health Organization warned on Saturday.　　　　　　Apr27,2009

☞チェック！

- **pandemic**[pændémik]（病気の）大流行
- **swine flu**　豚インフルエンザ
- **outbreak**[áutbrèik] 発生
- **potential**[pəténʃəl] 可能性

✎ 対訳

「豚インフルエンザ、大流行の懸念が高まる」

メキシコで 81 人もが死亡した豚インフルエンザの発生について、世界的大流行を引き起こす可能性がある、と世界保健機関が土曜日に警告を発した。　　　2009年4月27日

訳出のポイント

- 英字新聞では過去数年にわたって「鳥インフルエンザ」にあたる英語 bird flu あるいは avian flu は何度も登場してきましたが、今回初めて swine flu「豚インフルエンザ」が話題になっています。
  swine は「ブタ」で、とくに家畜された豚について使う単語です。通常は「ブタ」を集合的に指し、個々のブタについては hog あるいは pig が使われます。

- lead は「導く」「指導する」という意味で知られる動詞。lead to 〜で「〜に通じる」「〜につながる」「〜に至る」という意味になります。All roads lead to Rome.「すべての道はローマに通ず」という具合です。また、事柄などが「（結果として）〜になる」「〜を引き起こす」「〜をもたらす」という文脈でもよく使われる表現となっています。
  そこで、the potential to lead to a global pandemic は「世界的大流行を引き起こす可能性」ということになります。
  メキシコ政府の発表によると、豚インフルエンザが原因とみられる死亡者数は 81 人、感染が疑われる患者数は 1320 人に増加しています。また、米国でもカンザス州、カリフォルニア州、テキサス州で 11 人の感染が確認され、北東部のニューヨーク州でも 8 人に感染の疑いがあるということで、各地に広がる気配も出ています。

31

石田健の『日々雑感』

海外で活躍する日本人はもっと英語を！

　ゴルフの宮里藍選手が 2010 年米女子ツアー開幕 2 連勝を飾り、英語でインタビューにしっかり答えていました。すごく流暢になっていたのでびっくり。石川遼も海外の取材では英語で答えています。彼もおそらく数年以内に完璧に英語で受け答えできるようになると思います。

　フィギュアスケートの浅田真央、安藤美姫も海外での試合が多いためか、すごく英語が堪能ですね！

　やはりスポーツで優秀選手は、脳の回転も良い人が多いのか、語学が堪能な人が多いですね。日本を代表するスポーツ選手で語学の達人は、やはり中田英寿でしょう。彼はイタリア語、英語を自由に操ります。YOUTUBE で中田の海外メディアからの取材動画を見たことがありますが、すごく落ち着いて話しています。まるで日本人の取材を受けているように。

　テニスのフェデラーはスイス人です。ですから母国語はドイツ語。でも記者会見では英語ですよ。しかしスイスの一部ではフランス語が使われているため、フランスメディアからはフランス語でも取材を受けています。3ヶ国語で記者会見。これはちょっと真似できませんね^^

May, 2009
2009 年 5 月

- Sean Penn Files for Divorce （May1, 芸能）

- EU Economy to Shrink 4% in 2009 （May7, 経済）

- Study: Link between Obesity and Allergy in Children （May8, 科学）

- Japan Confirms First New Flu Cases （May11, 日本）

- EU Hands Down 1.06bn Euro Fine to Intel （May15, 国際）

- Hatoyama Becomes New Leader of Democratic Party of Japan （May18, 日本）

- Wall St Rallies with Recovery Hopes （May20, 経済）

- Number of New Flu Cases Hits 10,000 Worldwide （May21, 国際）

- Japan's GDP Logs Record Plunge （May22, 日本）

- South Korea's Ex-president Roh Dies （May25, 国際）

- Pyongyang Launches 2 Short-range Missiles （May27, 国際）

Sean Penn Files for Divorce

Sean Penn, who won his second best actor Oscar in February, has filed for divorce from his actress wife Robin Wright Penn.　　　　　　　　May1,2009

• 👆チェック！•
- ☐ **file for divorce**　離婚を申請する

対訳

「ショーン・ペン、離婚を申請」

今年2月に2度目のアカデミー主演男優賞を受賞したショーン・ペンが、妻で女優のロビン・ライト・ペンとの離婚を申請した。　　　　　　　　　　　　2009年5月1日

訳出のポイント

- divorce は「離婚」という意味の名詞。そのままで「離婚する」という動詞にもなりますが、通常は get divorced あるいは get a divorce が「離婚する」という言い方として一般的です。

- file は「届けを出す」「申請する」「申し立てる」といった意味の動詞。file a lawsuit「訴訟を申し立てる」→「告訴する」や、file for bankruptcy「破産の申し立てをする」というように、法律的な手続きを申請する際に使われる単語です。そこで、file for divorce は「離婚（の手続き）を申請する」ということになります。

- 国際的にも高い評価を受けている男優のショーン・ペン。2003年にはクリント・イーストウッド監督の『ミスティック・リバー』で最初の、そして今年は2008年公開の『ミルク』で2度目のアカデミー主演男優賞を受賞しました。また、1985年にポップスターのマドンナと結婚し、1989年に離婚しています。その4年間の結婚生活中には、飲酒運転と暴行で逮捕され6ヶ月の実刑を受けるなど、ずいぶんマスコミを賑わせたものです。

EU Economy to Shrink 4% in 2009

Economies in eurozone will contract by four percent in 2009, twice the prediction at the beginning of the year, according to the European Commission.

May7,2009

チェック!
- **eurozone**[júərouzoun] ユーロ圏
- **contract**[kəntrǽkt] 収縮する
- **prediction**[pridíkʃən] 予測
- **European Commission** 欧州委員会

✍ 対訳

「2009年のEU経済、マイナス4%へ」

欧州委員会によると、2009年のユーロ圏経済は、年始予測の2倍である4%のマイナスとなる見込みだ。

2009年5月7日

👍 訳出のポイント

- タイトル中のshrinkと本文のcontractは、ともに「縮む」「縮小する」「収縮する」といった意味の動詞です。どちらも、経済が"縮小する"、すなわち「経済成長がマイナスになる」ことを表すのに、よく使われる動詞となっています。日本語ではとくに、「経済が縮小する」というよりは「成長がマイナスとなる」という言い方が好まれる傾向があるので、今日の対訳でもshrink, contractともに、「マイナスとなる」と訳しています。

- eurozoneは、EU「欧州連合」の統一通貨Euro「ユーロ」を導入している加盟国のことを指し、通常「ユーロ圏」と訳されます。英語では、eurozoneのほかにもeurolandという言い方もするので、あわせて確認しておきましょう。

- twiceは「2倍に」という意味の副詞。twice〜で「〜の2倍」です。そこで、twice the prediction at the beginning of the yearで「今年の初めにおける予測の2倍」となり、これはその前のfour percentを説明する形になっています。

Study: Link between Obesity and Allergy in Children

U.S. researchers said that obese children and adolescents are more likely to develop some kind of allergy, including asthma.　　　　　May8,2009

👉 チェック！

- **obesity**[oubí:səti] 肥満
- **allergy**[ǽlərdʒi] アレルギー
- **adolescent**[ӕdəlésnt] 青年、若者
- **asthma**[ǽzmə] ぜん息

✍ 対訳

「研究：子どもにおける肥満とアレルギーの関連性」

米国の研究者らによると、肥満している子どもや若者たちはぜん息を含む何らかのアレルギーになりやすいという。

2009年5月8日

👍 訳出のポイント

- obese が「太りすぎの」「肥満した」という意味の形容詞で、obesity がその名詞形「肥満」です。
- allergy は「アレルギー」ですが、英語の発音では［アラジー］に近くなるので気をつけましょう。
- adolescent は日本語では「青年」「若者」などと訳されますが、もともとの語源はラテン語の adolescere「成長する」で、"成長期にある人" というような意味です。通常は13歳から18、19歳くらいまでのティーンエイジャー、10代の若者あたりを指す言葉となっています。今日の研究は、2歳から19歳までの男女を対象としていたということなので、children and adolescents とされているわけです。
- likely は英字新聞でも頻出ですが、「〜しそうな」「起こりえる」という意味の形容詞。(be) more likely to 〜で「より〜しそうな」→「〜する可能性（傾向）がより高い」となります。
- develop は病気などに「かかる」「患う」場合に使う動詞。そこで、are more likely to develop some kind of allergy の部分は「何らかのアレルギーになる可能性がより高い」→「何らかのアレルギーになりやすい」ということになります。この研究では、2歳から19歳までの男女4000人を対象に調査を行ったところ、肥満群はぜん息を含むアレルギーの割合が標準体重群に比べて26%高いという結果でした。また、食物アレルギー food allergy の割合はさらに差が大きく、肥満群で59%高かったということです。

39

Japan Confirms First New Flu Cases

Three Japanese males who arrived at Narita airport from Canada via the United States on Friday have tested positive for the new strain of influenza, confirming the nation's first cases of swine flu infection.　　　　　　　　　May 11, 2009

・☞チェック！

- □ **via**[váiə]　〜経由で
- □ **test positive**　検査で陽性と出る
- □ **new strain of influenza**　新型インフルエンザ
- □ **swine flu infection**　豚インフルエンザ感染

対訳

「日本、初の新型インフル確認」

金曜日に米国経由でカナダから成田空港に到着した日本人男性3人が、新型インフルエンザ検査で陽性となり、国内初の豚インフルエンザ感染が確認された。

2009年5月11日

訳出のポイント

- 日本語では「新型インフルエンザ」といいますが、英語では new strain of influenza が一般的です。
  strain は人や動物の「血統」「種族」「家系」などの意味、あるいは遺伝学用語で「菌株」という意味ですが、「種類」「タイプ」といったニュアンスでも使われます。そこで、new strain of influenza で「新型インフルエンザ」ということです。また flu は influenza の短縮語なので、タイトルの New Flu はこの new strain of influenza を簡略に表す言い方ということです。

- positive は一般的には「確かな」「肯定的な」という意味の形容詞ですが、医学などでは検査に対する反応や投薬効果などが「陽性の」という意味で使われます。そこで、test positive で「検査で陽性（反応）が出る」という表現。通常は test positive for ～ という形で、「～の検査で陽性が出る」→「～検査で陽性となる」となります。

- 最後の部分、the nation's first cases of swine flu infection の the nation「その国」は、もちろん Japan「日本」を言い換えたものです。文頭ですでに Japanese males と Japan の形容詞形が登場しているので、繰り返しを避けるために、the nation's「その国の」としているわけです。

EU Hands Down 1.06bn Euro Fine to Intel

The European Commission imposed a record 1.06 billion euro fine on the world's largest chipmaker Intel Corp. on Wednesday for its antitrust violation.

May 15, 2009

• 👉 チェック！ •
- □ **hand down**（判決などを）言い渡す
- □ **fine**[fáin] 罰金→制裁金
- □ **impose**[impóuz] 課す、科す
- □ **chipmaker**[tʃípmèikər] 半導体メーカー
- □ **antitrust violation** 独占禁止法違反

✍ 対訳

「EU、インテルに 10.6 億ユーロの制裁金」

欧州委員会は水曜日、世界最大の半導体メーカーのインテル社に独占禁止法違反で 10 億 6000 万ユーロ（約 1400 億円）という記録的な制裁金を科した。　2009 年 5 月 15 日

👍 訳出のポイント

- fine は「素晴らしい」「晴天の」などの意味の形容詞としてよく知られています。しかし、今日登場している fine は語源を異にする別の名詞で「罰金」という意味です。ここでは、独占禁止法違反に対する「罰金」→「制裁金」の意味で使われています。

- impose は義務・仕事・税・罰金などを「課（科）す」「負わせる」「与える」という意味の動詞。通常 impose 〜 on 人「人に〜を課す（科す）」という形で登場します。ここでは、〜にあたるのが、a record 1.06 billion euro fine「記録的な 10.6 億ユーロの制裁金」で、"人"にあたるのは the world's largest chipmaker Intel Corp.「世界最大の半導体メーカー、インテル社」となっています。

- trust は「信用」「信頼」という意味の名詞ですが、主に米国で「企業合同」、あるいは市場独占のための非合法的会社集団である「トラスト」を意味します。そこで、その trust の前に「反〜」「非〜」という意味の接頭辞 anti- がついた antitrust は「トラスト反対の」「トラスト禁止の」→「独占禁止（法）の」という意味の形容詞になります。そして、violation は動詞 violate「違反する」「（法などを）犯す」の名詞形で「違反」「侵害」なので、antitrust violation で「独占禁止法違反」ということです。

- 欧州委員会は、インテルがパソコン用マイクロプロセッサーで競合企業 competitor を制するために、パソコンメーカーに違法なリベート illegal rebate を支払っていたとして、今回の制裁金を科したものです。

Hatoyama Becomes New Leader of Democratic Party of Japan

Japan's opposition Democratic Party on Saturday elected Yukio Hatoyama as president to succeed Ichiro Ozawa, who stepped down amid a fundraising scandal.　　　　　　　　　May 18, 2009

• 👉 チェック！•
- □ **elect**[ilékt] 選出する
- □ **succeed**[səksí:d] 〜の後を継ぐ、〜の後任となる
- □ **fundraising**[fÁndrèiziŋ] 資金調達

対訳

「鳩山氏、日本民主党の新代表へ」

日本の野党、民主党は土曜日、政治資金調達をめぐるスキャンダルの中で辞任した小沢一郎氏の後任として、鳩山由紀夫氏を代表に選出した。　　　　　2009年5月18日

訳出のポイント

- elect は「選挙する」、あるいは「(選挙・投票によって)〜を選ぶ」という意味の動詞。名詞形 election「選挙」とあわせて確認しておきましょう。
- succeed はふたつの主要な意味で使われることで注意が必要な動詞です。ひとつは「成功する」の意味で、この場合は名詞形が success「成功」になります。もうひとつは、「〜の後を継ぐ」という意味で、こちらの場合には名詞形は succession「連続」「継承」「後継」になります。今日の文では to succeed Ichiro Ozawa なので、「小沢一郎氏の後を継ぐ」→「小沢一郎氏の後任となる」ということです。
- step down は英字新聞でも超頻出の句動詞で「辞任する」。同意の resign という動詞とともにしっかり覚えておきたい表現です。
- fundraising は fund「資金」を raise「集める」という意味の名詞で、「資金調達」ということです。ここでは、political fundraising「政治資金調達」の意味で使われており、amid a fundraising scandal で「政治資金調達をめぐるスキャンダルの中で」となっています。

Wall St Rallies with Recovery Hopes

U.S. shares rose sharply on Monday, as positive news on housing and banking encouraged investors' optimism in an economic recovery.   May20,2009

☞チェック!

- **rally**[rǽli] [株] 反発する
- **encourage**[enkə́:ridʒ] 後押しする
- **optimism**[ɑ́ptəmìzm] 楽観（主義）
- **economic recovery** 景気回復

✍ 対訳

「米国株、景気回復への期待から反発」

住宅および銀行に関する好材料から投資家らの景気回復への楽観視が強まり、米国株は月曜日に急騰した。

2009年5月20日

👍 訳出のポイント

- タイトル中の Wall St の St は Street の略。英字新聞ではすっかりお馴染みだと思いますが、Wall Street「ウォール街」は U.S. market や U.S. shares と同意、すなわち「米国株式市場」「米国株価」の意味でしばしば使われます。

- rise sharply は直訳すると「急激に上昇する」。株価や物価などについて使うと「急騰する」という表現になります。

- encourage は「励ます」「促進する」「後押しする」といった意味の動詞。そこで、文の後半にあたる positive news on housing and banking encouraged investors' optimism …の部分は直訳すると「住宅および銀行に関する肯定的なニュース（＝好材料）が投資家らの…における楽観（主義）を後押しした」となります。そして対訳では、自然な日本語訳にするために、目的語である investors' optimism を主語として「楽観視が強まり」と訳しています。この場合、原文の主語である positive news「好材料」は、原因を説明するものとして「好材料を理由として」→「好材料から」と訳すこともポイントです。

Number of New Flu Cases Hits 10,000 Worldwide

The number of confirmed H1N1 cases, commonly known as swine flu, reached 10,000 in the world on Wednesday, within a month after the new strain of influenza had been identified.　　　　May21,2009

チェック！
- **commonly**[kámənli] 一般的には
- **identify**[aidéntəfài] 確認する

🖊 対訳

「新型インフル感染、世界で1万人超える」

新型インフルエンザの確認から1ヶ月を待たず、一般的には"豚インフルエンザ"と呼ばれているH1N1型の感染者数が水曜日、世界で1万人に達した。　2009年5月21日

👍 訳出のポイント

- worldwide は「世界的な」という意味の形容詞、あるいは「世界中に」という意味の副詞として頻出。今日の場合は、本文で in the world という表現で言い換えられているように、「世界中で」という意味の副詞になっています。

- 文頭の the number of confirmed H1N1 cases は直訳すると「確認された H1N1（感染）症例の数」、すなわち「H1N1感染の確認症例数」ということです。ただし、今日の文では後半の「新型インフルエンザが確認されてから1ヶ月以内に」という部分で、"確認"という言葉が入っていることもあり、対訳ではあえて「H1N1型の感染者数」としています。

- commonly は「普通に」「一般的に」という意味の副詞。commonly known as 〜で「一般的には〜として知られる」「普通〜と呼ばれる」という表現です。

- 日本の報道では「新型インフルエンザ」という表現が定着していますが、この部分の記述からもわかるように、欧米では日常的には swine flu「豚インフルエンザ」という言葉が定着して使われているようです。ただ、米国のニュースでは、H1N1 flu「H1N1型」という表現の方が目立つようになってきたのに対し、英国の報道では今でも swine flu が主流になっています。各国の英字新聞を拾い読みしてみると、時にはこうした違いなどにも気づいたりして興味深いものです。

Japan's GDP Logs Record Plunge

Japan's economy shrank by 4.0 percent, its fastest pace on record, in the first quarter of 2009, battered by a record drop in exports and domestic demand amid a global economic slowdown.　　May22,2009

・ 👉 チェック！ ・
- □ **GDP**　国内総生産
- □ **log**[lɔ́(:)g] 記録する
- □ **plunge**[plʌ́ndʒ] 急落
- □ **battered by**　～によって打ちのめされる
- □ **domestic demand**　国内需要→内需

✍ 対訳

「日本の GDP、記録的な落ち込み」

世界的経済不況の中、輸出と内需の記録的な落ち込みに打撃を受け、2009 年 1–3 月期の日本経済は、記録が始まって以来最大の 4% という減少率を示した。

2009年5月22日

👍 訳出のポイント

- GDP は英字新聞だけではなく日本のニュースでも頻繁に登場する言葉です。
  gross domestic product の略で「国内総生産」。今日の記事のように一国の経済の成長あるいは縮小を示す数字としてよく引用されるので、確認しておきましょう。

- shrank by 4.0 percent, its fastest pace on record の部分を直訳すると、「その（日本の）記録にある最も速い速度である 4% で縮小した」となります。これは、すなわち「記録が始まって以来最大の 4% という減少率となった」ということです。

- batter は、野球の「打者」「バッター」の語源となった単語。名詞だと「打つ人」→「打者」ですが、もともとは「打つ」「たたく」という意味の動詞です。とくに、「続けざまに打つ」「繰り返して打つ」というニュアンスで使われ、ここから「打ちのめす」「たたきつぶす」といった意味になります。そこで、その過去分詞を使った battered by 〜 は「〜によって打ちのめされた」「〜でボロボロになった」という表現になっています。今日の場合は、battered by a record drop in exports and domestic demand で、日本経済が "輸出と内需の記録的落ち込みによってズタズタにされた" というような、いわば "悲愴感" 漂う言い方として使われています。

51

South Korea's Ex-president Roh Dies

South Korea's former president Roh Moo-hyun, who had been under investigation for alleged corruption, died on Saturday in a fall from a mountain behind his rural home.　　May25,2009

• チェック！

- □ (be) under investigation　取り調べを受ける
- □ alleged corruption　不正疑惑
- □ rural[rúərəl] 田舎の

✍ 対訳

「韓国の盧前大統領が死亡」

不正疑惑で取り調べを受けていた韓国の盧武鉉前大統領が土曜日、田舎の自宅裏にある山から転落し死亡した。

2009年5月25日

👍 訳出のポイント

- investigation は何かに対する徹底的あるいは詳細な「調査」「研究」「検討」を意味する名詞。犯罪などに対する「捜査」「取り調べ」という意味でも頻出です。そこで、(be) under investigation で「取調べ(捜査)の下にある」→「捜査中である」「取り調べを受ける」という表現になります。また、前置詞 for を用いて (be) under investigation for ～「～で取り調べを受ける」という形で、捜査・取調べの理由を述べる言い方になるので、このパターンで覚えておくと便利です。

- alleged は「疑惑・容疑がかかっている」「～と疑われている」という意味の形容詞。alleged corruption で「不正疑惑」あるいは「不正容疑」ということになります。したがって、カンマで囲まれている who had been under investigation for alleged corruption の部分は、「不正疑惑で取り調べを受けていた(盧前大統領)」というわけです。

- fall は「落ちる」「転ぶ」という意味の動詞として知られている単語ですが、名詞で「落ちること」「転ぶこと」「転落」という意味にもなります。そこで、die in a fall は「転落で死ぬ」→「転落死する」という言い方です。盧前大統領は自宅裏の山から転落し、運ばれた病院で数時間後に死亡しました。盧前大統領は自宅を出る30分前にパソコンに A4 判用紙1枚分の遺書を残していたと報じられ、自殺との見方がされています。

Pyongyang Launches 2 Short-range Missiles

North Korea fired two short-range missiles off its east coast on Tuesday in the face of global condemnation for the nuclear test it had conducted a day earlier, South Korea's Yonhap News Agency reported.　　　　　　　　　　　May27,2009

☝チェック！

- [ ] **short-range missile**　短距離ミサイル
- [ ] **in the face of**　〜をものともせずに
- [ ] **global condemnation**　世界的な非難
- [ ] **nuclear test**　核実験
- [ ] **conduct**[kəndʎkt] 行う

✎ 対訳

「北朝鮮、短距離ミサイル 2 発を発射」

北朝鮮は火曜日、前日に行った核実験に対する世界的な非難をものともせずに、同国東海岸から 2 発の短距離ミサイルを発射。韓国の聯合ニュースが伝えた。

2009年 5 月27日

👍 訳出のポイント

- タイトルの Pyongyang「平壌」は North Korea「北朝鮮」の首都であり、「北朝鮮」という国、あるいは「北朝鮮政府」を指してしばしば用いられます。

- launch「発射する」は本文では fire off で言い換えられています。どちらも弾丸・ロケットなどを「打ち上げる」「発射する」という意味で頻出です。

- in the face of 〜はもともと「〜の面前で」「〜に直面して」という言い方ですが、ここから「〜に直面しているにもかかわらず」→「〜に逆らって」「〜をものともせず」という逆説的なニュアンスでも使われるので注意しましょう。今日の場合はまさに後者で、「世界的な非難にもかかわらず」「世界的な非難をものともせずに」といった意味になっています。ちなみに、condemnation は動詞 condemn「非難する」「糾弾する」の名詞形。動詞、名詞ともに英字新聞頻出の重要単語です。condemn 人 for 〜で「人を〜のことで非難する」という言い方になるので、condemnation for the nuclear test で「核実験のことに関する（北朝鮮に対する）非難」ということです。

石田健の『日々雑感』

僕の趣味、ゴルフ、ピアノ

　僕の趣味は家でピアノを弾くことと、ゴルフです。学生時代はずっとテクノバンドで打ち込みとキーボードをやってました。その後、社会人となり、起業して、音楽活動は封印しましたが、その代わり、ピアノを購入しました。

　もともとクラシックピアノが好きで、とりわけバッハのピアノ曲を弾くことが多いです。これは僕が尊敬するカナダの名ピアニスト（そして奇人）であるグレン・グールドの影響があるからです。また坂本龍一は僕のメンターですので、彼の曲も数曲レパートリーに入っています。

　ゴルフは、現在週1ペースでコースに行きます。僕は東京都港区在住ですので、アクアラインを越えた木更津周辺（千葉県）あるいは、成田空港周辺のコースが多いです。

　ゴルフを始めたのは留学時代。勉強よりもゴルフ、というくらいにはまりました。米国の安いパブリックコースをかなりの回数まわりました。また本場米国プロゴルフの試合を何度か見に行きました。青木功がまだレギュラーツアー現役で目の前で彼のショットを見たとき、そのあまりにもの迫力に驚きました。

June, 2009
2009年6月

- **GM Files for Bankruptcy** （Jun3, 経済）

- **Air France Jet Disappeared Over Atlantic** （Jun4, 国際）

- **S Korea's Incheon Airport "Best in the World"** （Jun11, 国際）

- **Hello Kitty Visits British Embassy for 35th Anniversary** （Jun12, 社会）

- **Nikkei Average Closes above 10,000** （Jun15, 日本）

- **Report: N Korea's Kim Jong-un Visits China as Heir** （Jun17, 国際）

- **Obama Unveils Financial Regulatory Reforms** （Jun19, 経済）

- **Late Princess Dianna's Eraser Fetches £540** （Jun25, 社会）

- **U.S. and EU File Complaints against China** （Jun26, 国際）

- **Ryo Ishikawa Wins Mizuno to Qualify for British Open** （Jun30, スポーツ）

GM Files for Bankruptcy

Car giant General Motors filed for Chapter 11 on Monday, and the U.S. government now is expected to take a 60% stake in the company.　　Jun3,2009

・ ☞チェック！ ・

- [ ] **file for bankruptcy**　破産申請する
- [ ] **Chapter 11**　連邦破産法 11 章
- [ ] **take a stake**　出資する

対訳

「GM が破産申請」

大手自動車メーカーのゼネラル・モーターズが月曜日、連邦破産法 11 章の適用を申請し、今後は米政府が株式の 60％を所有する見込みだ。
2009年6月3日

訳出のポイント

- 動詞の file というと、日本語でも「ファイルする」というように「(書類などを) 綴じこむ」「保管する」という意味でよく知られています。しかし、その他に、「(正式に) 申し立てる」「提起する」「提出する」という意味でも頻出。とくに、告訴を起こすとき (file a lawsuit「訴訟を起こす」「告訴する」) や、申請書などを手続きに沿って提出する場合など、必ず使われる単語です。
  そこで、file for bankruptcy で「破産申請をする」。あるいは、file for bankruptcy protection「破産保護を申請する」という言い方も一般的です。

- また、本文では bankruptcy に代わって Chapter 11 が使われています。こちらも英字新聞ではおなじみですが、Chapter 11 というのは米国の連邦破産法 11 章 "チャプター・イレブン" のことで、企業の再生手続きについて規定している法律です。すなわち、file for Chapter 11 で「連邦破産法 11 章 (の適用) を申請する」ということ。

- ちなみに、Chapter 11 は日本の民事再生法に当たる法的手続きで、経営陣が任務を続けながら企業再生を図るためのものとなっています。stake はもともと「賭け」「賭け金」という意味の名詞で、ここから「利害関係」「関心」という意味でも使われるようになりました。そして、take a stake in ～で「～に関わりがある」「～に利害関係を持つ」→「～ (事業など) に出資している」という表現となっています。
  さらに、take a __% stake in ～だと「～に__%出資する」→「～の株式を__%所有する」ということです。

Air France Jet Disappeared Over Atlantic

An Air France jet disappeared over the Atlantic Ocean on Monday during a flight from Rio de Janeiro to Paris, and all 228 passengers and crew members aboard were feared dead.　　　Jun4,2009

☞チェック！

- □ **disappear**[dìsəpíər] 姿を消す→消息を絶つ
- □ **Atlantic Ocean** 大西洋
- □ **(be) feared dead** 死亡したとみられる

対訳

「エールフランス機、大西洋で消息絶つ」

エールフランスのジェット機が月曜日、リオデジャネイロからパリへ向かう途中の大西洋上で消息を絶ち、乗客と乗員あわせて 228 人全員が死亡したとみられる。

2009年 6 月 4 日

訳出のポイント

- 動詞 disappear は appear「見えてくる」「出現する」の前に、否定の接頭辞 dis- がついたもので、「見えなくなる」「消える」「姿を消す」という意味。対訳では、「姿を消す」→「消息を絶つ」と訳しています。

- over は「〜の上に（で）」→「〜の上空に（で）」という意味の副詞。そこで over the Atlantic Ocean で「大西洋上で」ということです。

- fear は名詞だと「恐れ」「恐怖」「懸念」、動詞だと「恐れる」「心配する」という意味になります。(be) feared dead で「死んでいる状態だと心配されている」→「死亡したとみられる」という言い方になります。__ people are feared dead.「__人が死亡したとみられる」という形で、事故・災害などのニュースで頻出なので、しっかり確認しておきましょう。

S Korea's Incheon Airport "Best in the World"

In a survey by the British consultancy Skytrax, South Korea's Incheon International Airport in Seoul was voted the world's best airport.　　Jun11,2009

☞チェック！

- **survey**[sərvéi] 調査
- **consultancy**[kənsʌ́ltənsi] コンサルタント会社
- **vote**[vóut] 〜に投票する

✍ 対訳

「世界の空港ランキング1位は韓国の仁川空港」

英国のコンサルタント会社スカイトラックスが行った調査で、韓国ソウルの仁川国際空港が世界一の空港に選ばれた。
2009年6月11日

👍 訳出のポイント

- 日本語の「コンサルタント会社」は、英語では consultant firm ですが、名詞 consultancy だと「コンサルタント業」あるいは「コンサルタント会社」という意味なので、今日の場合は British consultancy で「英国のコンサルタント会社」ということです。

- vote は「～に投票する」という意味の動詞。ここでは、was voted ～と受動態で使われており、「～に（として）投票された」→「～に選ばれた」ということです。

- 英国のコンサルタント会社 Skytrax が毎年行っている世界の空港ランキング調査。世界190の空港で利用者860万人（!!）に、乗り換えの利便性やレストランの快適性など9分野について投票してもらった結果、1位が韓国の仁川国際空港（昨年3位）、2位は香港国際空港、3位はチャンギ国際空港（シンガポール）でした。日本勢としては関西空港が6位、中部空港が9位にランクインしています。なんと、ベスト10のうち6つがアジアの空港…アジアパワーが浮き彫りの結果となりました。ランキングの詳細は Skytrax の the World Airport Awards のサイト http://www.worldairportawards.com/ で見ることができます。

Hello Kitty Visits British Embassy for 35th Anniversary

Hello Kitty, the Japan-made global "icon of cuteness," visited the British Embassy in Tokyo Wednesday, going back to her British roots with a new tartan collection to mark her 35th birthday.

Jun12,2009

• ☞ チェック！ •

☐ **British Embassy**　英国大使館
☐ **icon of cuteness**　かわいらしさの象徴
☐ **go back to one's roots**　（自分の）原点に立ち戻る

✍ 対訳

「ハローキティ；35周年で英国大使館を訪問」

日本が生んだ世界的共通の『かわいらしさの象徴』であるハローキティ。そのキティが水曜日、誕生35周年を祝うために、自らの原点の英国に立ち戻って新作のタータンチェック・シリーズとともに、東京の英国大使館を訪れた。

2009年6月12日

👍 訳出のポイント

- icon「アイコン」は最近、プログラムや実効命令の内容などを象徴的に表した図形あるいは小さな絵を意味するコンピュータ用語としてよく使われるようになっています。もともとは、「像」「偶像」という意味の名詞で、ここから「偶像視されるような人」、あるいは「象徴的な人物や物」を指して使われるようになっています。ここでは icon of cuteness で、cuteness はお馴染みの形容詞 cute「かわいい」の名詞形なので、「かわいらしさの象徴」ということです。

- 名詞 root は「根」「根本」「根底」「根源」といった意味。そして、複数形 roots だと、「(自分や先祖が生まれ育った土地との) 文化的感情的結びつき」「(そういった場所への) 所属感」といったニュアンスで使われることが多くなります。そして、go back to one's (own) roots で「(自分) の原点に立ち戻る」という表現。実はハローキティはロンドン生まれで今も家族4人でロンドン郊外に住んでいる、という設定だそうです。それで、going back to her British roots「英国の原点に立ち戻る」→「自らの原点である英国に立ち戻る」という言い方がされているわけです。

- 1974年に誕生したサンリオのキャラクターである「キティちゃん」。海外では "Hello Kitty" として知名度バツグン。誕生から35年たった今、世界70ヶ国で様々なグッズが売られているそうです。

Nikkei Average Closes above 10,000

The Nikkei Average of leading Japanese shares closed above 10,000 on Friday for the first time in eight months, as hopes for global economic recovery grew. Jun15,2009

• 👆 チェック！ •
- ☐ **Nikkei（Stock）Average**　日経平均株価
- ☐ **economic recovery**　景気回復

対訳

「日経平均、1万円台回復」

世界的な景気回復への期待が高まる中で、主要日本株式の日経平均株価は金曜日、終値が8ヶ月ぶりに1万円の大台を回復した。
2009年6月15日

訳出のポイント

- Nikkei Stock Average は「日経平均株価」で、しばしば Nikkei Average と記されます。
- close はおなじみの「閉じる」「終わる」という意味の動詞ですが、英字新聞では、証券関連の記事などで、通貨や株が「取引を終える」→「(終値…で) 終わる」という意味で頻出となっています。そこで、close above 10,000 は「終値が1万円を超える」→「終値が1万円の大台に乗る」という言い方です。
- 名詞 hope は「希望」「期待」ですが、望む対象を示すには前置詞 for を用いて hope for ～「～への期待」という形になります。また、日本語では "期待が高まる" といいますが、英語の場合はこの「高まる」に当たる動詞は grow になります。grow は「成長する」「大きくなる」あるいは「増える」「増大する」という意味の動詞なので、感覚としては "期待が大きくなる" → "期待がふくらむ" という感じに近いかもしれません。
- global economic recovery は、英字新聞でもここ数ヶ月嫌というほど登場してきた global economic downturn (slowdown), gloval slump「世界的 (経済) 不況」の反対語、すなわち「世界的景気回復」という表現です。したがって、文の最後の hopes for global economic recovery grew の部分は「世界的な景気回復への期待が高まった」となります。そろそろ、この global economic recovery という言葉がヘッドラインを賑わすようになるとよいのですが…。

Report: N Korea's Kim Jong-un Visits China as Heir

Kim Jong-un, the third son of North Korean leader Kim Jong-il secretly visited China as the appointed heir last week, meeting President Hu Jintao and other Communist Party leaders, Japan's Asahi newspaper reported on Tuesday.　　　Jun17,2009

☞ **チェック！**
- □ **heir**[éər] 後継者
- □ **appointed**[əpɔ́intid] 指名された
- □ **Communist Party** 共産党

✍ 対訳

「報道：北朝鮮の金正雲氏、後継者として中国訪問」

北朝鮮の金正日総書記の三男、金正雲氏が先週、指名を受けた後継者として極秘に中国を訪問し、胡錦濤国家主席ら共産党幹部と会談した、と日本の朝日新聞が火曜日に伝えた。

2009年6月17日

👍 訳出のポイント

- heir の語源はラテン語の hered で「残されたものを手に入れる人」という意味です。ここから、遺産などの「相続人」、王位や役職などの「継承者」「後継者」という意味で使われる名詞となっています。appointed は動詞 appoint「指名する」「任命する」の過去分詞が形容詞になったもので、「指名された」「任命を受けた」という意味。そこで、appointed heir で「指名を受けた後継者」ということ。

- secretly はおなじみの名詞 secret「秘密」から派生した副詞で「秘密に」「極秘に」の意味です。secretly visit 〜で「〜を極秘訪問する」という言い方になります。

- President Hu Jintao and other Communist Party leaders の部分は直訳すると「胡錦濤国家主席とその他の共産党指導者（幹部）ら」。これをより自然で簡潔な日本語訳にすると「胡錦濤国家主席をはじめとする共産党幹部ら」→「胡錦濤国家主席ら共産党幹部」ということです。

Obama Unveils Financial Regulatory Reforms

U.S. President Barack Obama laid out the biggest reform plan of banking regulation since the 1930s on Wednesday, aiming to avoid future financial crises. Jun19,2009

チェック!

☐ **financial regulatory reform**　金融規制改革
☐ **lay out**　提示する、明らかにする

✍️ 対訳

「オバマ大統領、金融規制改革を発表」

オバマ米大統領は水曜日、将来の金融危機の回避を目的とした、1930年代以来最大規模となる金融規制改革案を明らかにした。
2009年6月19日

👍 訳出のポイント

- regulatory は名詞 regulation 「規則」「規制」の形容詞形です。したがってタイトルの financial regulatory reforms 「金融規制改革」と、本文の reform (plan) of banking regulation は同じ意味。
  banking は「銀行（業）」ということですが、英語ではしばしば financial 「金融の」と同意で用いられます。

- laid は動詞 lay の過去・過去分詞形。lay はもともと「横になる」「横たわる」という意味の動詞 lie の使役形に相当する語で「横たわらせる」→「横たえる」「置く」です。そこで、lay out は、よく見えるように物などを「広げて置く」「並べる」という意味の句動詞。そして、物だけでなく考え方や計画などについて「広げて置いて見せる」→「提示する」「きちんと説明する」「明らかにする」という意味でも使われます。

- aim to ～は「～しようと狙っている」「～することを目標（目的）としている」という表現。したがって、aiming to avoid future financial crises で「将来の金融危機を回避することを目的としている」ということです。
  ちなみに、名詞 crisis「危機」の複数形 crises も不規則変化なのでしっかり押さえておきましょう。

- 今回の改革案の柱は、信用膨張に歯止めをかけることで、証券・保険などを含める、金融システムの中で重要な大手金融機関を米連邦準備（制度）理事会（FRB）が一元的に監督する形になっています。

Late Princess Dianna's Eraser Fetches £540

An eraser, used by Britain's late Princess Diana at boarding school when she was nine and personalized with the words "D. Spencer" and "Diana," sold for 540 pounds at auction in south-east England on Tuesday.   Jun25,2009

☞チェック！

- **late**[léit] 故〜
- **eraser**[iréisə*r*] 消しゴム
- **boarding school** 寄宿制（全寮制）の学校
- **personalized**[pə́:*r*snlàizd] 名前入りの

✍️ 対訳

「故ダイアナ妃の消しゴム、540ポンドで落札」

英国の故ダイアナ妃が9歳のときに寄宿学校で使用していた消しゴムで、『D. スペンサー』『ダイアナ』と名前が書かれたものが、火曜日にイギリス南東部でオークションにかけられ、540ポンド（約8万4000円）で落札された。

2009年6月25日

👍 訳出のポイント

- 形容詞 late は、「遅い」という意味でよく知られていますが、「最近の」「近頃の」「最新の」という意味でも頻出です。例えば the latest fashion というと「最先端のファッション」→「最新の流行」という意味になります（ちなみに fashion は日本語の「ファッション」のように服装・装飾に限定されるわけではなく、「流行」「はやり」（= trend）というニュアンスでも使われる単語です）。話は late に戻りますが、上述のように「最近の」ということから、「最近引退した」あるいは「最近死んだ」という意味でも用いられます。そこで、late の後ろに人の名前や人を表す単語がくると、日本語の「故〜」という言い方になるわけです。

- personalize は person「人」「個性」という意味の名詞から派生した動詞。もともとは「（人を）特徴づける」「個性化する」という意味ですが、所有主を明らかにするために「氏名（住所・イニシャルなど）を記入する」場合にしばしば用いられます。過去分詞 personalized は「名前（イニシャル）入りの」という意味の形容詞としても頻出。
personalized gift「（相手の）名前（あるいはイニシャル）入りの贈り物」、personalized stationery「名前入りの便箋と封筒」のように使われます。ここでは personalized with the words "D. Spencer" and "Diana" で「『D. スペンサー』『ダイアナ』と名前が入った」ということです。

U.S. and EU File Complaints against China

The United States and the European Union (EU) on Tuesday filed complaints with the World Trade Organization (WTO) that China is unfairly restricting exports of its industrial raw materials.

Jun26,2009

• ☞チェック！•
- □ **file complaints** 提訴する
- □ **unfairly**[ʌ̀nféərli] 不当に
- □ **restrict**[ristríkt] 制限する
- □ **industrial raw materials** 工業用原材料

対訳

「米・EU が中国を提訴」

米国と欧州連合（EU）は火曜日、中国が工業用原材料の輸出を不当に制限しているとして、世界貿易機関（WTO）に提訴した。
2009年6月26日

訳出のポイント

- complaint は「不平」「不満」あるいは「苦情」という意味の名詞。実は、日本語では「クレームをつける」といいますが、この"クレーム"の語源である claim は「要求」「請求」という意味で、意味的にはこちらの complaint にあたります。

  よって make a complaint で「クレームをつける」になります。これが、file a complaint になると、file は「正式に申し立てる」という意味なので、「正式に苦情を申し立てる」→「正式に（苦情を）提訴する」という言い方になります。提訴をする先を表すには前置詞 with を用いて、file a complaint with ～で「～に提訴する」です。
  また、提訴する相手を表すには前置詞 against を使い、file a complaint against ～「～を提訴する」とします。今日の場合は filed complaints と複数形になっているので、提訴の内容が複数であることが読み取れますが、訳としては「提訴する」で変わりません。そしてタイトルでは、file complaints against China で「中国を提訴する」という形。
  一方、本文では filed complaints with WTO that…という形で、提訴する先が「世界貿易機関」、提訴の内容は that 以下、すなわち「中国が不当に工業用原材料の輸出を制限している」ということです。この file a complaint with ～ that…というパターンの場合は、「…ということに関して～に提訴する」→「…として～に提訴する」と訳すとすっきりした日本語訳になります。

Ryo Ishikawa Wins Mizuno to Qualify for British Open

Japan golf's golden boy, 17-year-old Ryo Ishikawa captured his third Japan Tour title and a ticket to the British Open next month when he won the Mizuno Open on Sunday.　　　　　　　　Jun30,2009

● チェック！
- □ **qualify for** 〜に必要な資格を得る→出場権を獲得する
- □ **golden boy** 将来有望な青年、人気者
- □ **capture**[kǽptʃər] 獲得する

✎ 対訳

「石川遼がミズノオープン優勝、全英オープン出場権獲得」

日本ゴルフ界の人気者、17歳の石川遼が日曜日、ミズノオープンで優勝。これで石川は日本ツアー3勝目となり、同時に来月行われる全英オープンの切符を手に入れた。

2009年6月30日

👍 訳出のポイント

- 動詞 qualify は「資格を得る」という意味の動詞。そこで、qualify for ～ で「～の資格を得る」「～にふさわしい」という言い方になります。今日のタイトルでは qualify for British Open なので「全英オープン（参加）の資格を得る」→「全英オープンの出場権を獲得する」ということです。
  また、これは本文では (captured) a ticket to the British Open「全英オープンへの切符を獲得した」という表現で言い換えられています。

- golden はもともと gold「金」から派生した形容詞で、「金色の」（金色に）光り輝く」。ここから「金のように貴重な」→「素晴らしい」のように肯定的な意味合いで使われる単語になっています。
  また、人に関して用いるときには「人気のある」「将来有望な」という意味になります。そして、主に米国の口語表現ですが、golden boy というと「将来有望な青年」「人気者」の意味に使われています。
  もちろん、女性については、golden girl ということができます。

- 今日の文の基本的な構造は、動詞 captured が his third Japan Tour title と a ticket to… というふたつの目的語を並列で取っている形です。よって、これをそのまま訳すと「日本ツアー3勝目を挙げ、来月行われる全英オープンの切符を手に入れた」となります。

石田健の『日々雑感』

石田の典型的な1日

　後述しますが僕はかなり早起きです。7時に子ども二人を起こし（小学生です）、8時に車で小学校まで送っていきます。8時30分前にはそのまま出社。僕の自宅と会社は徒歩数十秒の距離なのです。

　まず最初にやるのはメルマガ作成。これは10年続くライフワークです。メルマガ作成には1時間以上かけます。その後、スタッフが出社しますので、必要な指示を与えます。

　お昼は、スタッフから近所のオーガニック弁当屋さんの弁当を買って来てもらいます。その後30分ほど、お昼寝します。朝が早いのでお昼寝は欠かせません。

　午後は主に来客の対応や、社内ミーティング、メール対応などが中心です。僕が代表を務める、アカデミアジャパン株式会社は翻訳部門、コンサルタント部門、広告部門、営業部門から構成されています。

　夜はほぼ毎日クライアントやスタッフと外食します。近所の居酒屋が多いです。ほぼこうして僕は赤坂〜六本木エリアの外に出ることがありません（ゴルフ以外は。。）

July, 2009
2009 年 7 月

- New Species of Dinosaurs Found in Australia (Jul8, 科学)

- Emotional Memorial Service for Michael Jackson (Jul9, 芸能)

- Google to Launch Operating System (Jul10, 社会)

- North Korean leader Kim Jong-il 'Has Pancreatic Cancer' (Jul15, 国際)

- China's Foreign Reserves Exceed $2 trillion (Jul16, 国際)

- Fashion Designer Issey Miyake Asks Obama to Visit Hiroshima (Jul17, 日本)

- Japanese Lower House Dissolved (Jul22, 日本)

- Japan's 'Kibo' Laboratory Complex Completed (Jul29, 科学)

- U.S. Housing Crisis Might Turn Corner (Jul30, 経済)

- Schumacher Makes Surprise F1 Comeback (Jul31, スポーツ)

New Species of Dinosaurs Found in Australia

Australian paleontologists discovered three new species of dinosaurs after examining 98 million-year-old fossils found in Queensland.   Jul8,2009

• 👉 チェック! •

- **dinosaur**[dáinəsɔ̀ːr] 恐竜
- **paleontologist**[pèiliɑntálədʒist] 古生物学者
- **fossil**[fásl] 化石

対訳

「オーストラリア、新種の恐竜発見」

オーストラリアの古生物学者が、クイーンズランドで見つかった9800万年前の化石を調査したところ、新種の恐竜3種を発見した。　　　　　　　　　　　2009年7月8日

訳出のポイント

- dinosaur の語源はラテン語で、もともと dino-（恐ろしい）＋ saur（トカゲ）という意味で、「恐竜」です。

- paleontology は「古生物学」で、先史時代 prehistory に生きていた動物や植物を科学的に研究する学問。英国では palaeontology とスペルが異なるので注意が必要です。また、paleontologist は語尾に「〜に巧みな人」「〜の専門家」という意味の接尾辞 -ist がついた形で、「古生物学者」ということです。

- after というと、すぐに「〜の後で（に）」と訳しがちですが、今日の場合「…を調査した後で、新種の恐竜を発見した」ではかなり不自然な日本語になってしまいます。こういったときの after は「〜したところ」と訳すとしっくりくることが多いので、和訳のテクニックのひとつとして覚えておくと便利です。

- 今回発見された恐竜の化石のうち1頭は肉食恐竜 carnivorous dinosaur（carnivore）で、2頭は大型の草食恐竜 herbivorous dinosaur（herbivore）。化石が発掘されたクイーンズランド州ウィントンで作詞されたというオーストラリアの国民的歌 Waltzing Matilda（ワルツを踊るマチルダ）にちなんで、これら3頭には作詞家の名前 Banjo、および詞中の登場人物 Matilda と Clancy という名前がつけられたそうです。

Emotional Memorial Service for Michael Jackson

About 17,000 fans joined Michael Jackson's family and close friends for an emotional memorial service at the Los Angeles Staples Center on Tuesday to bid farewell to the "greatest entertainer that ever lived."

Jul9,2009

• 👆チェック! •
- memorial service　追悼式
- bid farewell　別れを告げる

✍ 対訳

「マイケル・ジャクソン、感動的な追悼式」

火曜日にロサンゼルスのステイプルズ・センターで行われた感動的な追悼式では、マイケル・ジャクソンの家族や親しい友人らに約 1 万 7000 人のファンが加わり、『史上最高のエンターテイナー』に別れを告げた。　2009 年 7 月 9 日

👍 訳出のポイント

- memorial service は亡くなった人を追悼して行われる式や会を指す言葉。日本語でいうと「告別式」「追悼式」あるいは「(戦没者などの) 慰霊祭」なども含み、かなり広義に使われる言い方となっています。
- 動詞 bid は「入札する」「〜を競り落とす」といった意味でよく登場しますが、ここでは「述べる」「言う」の意味です。かなり文語的で古めかしい言い回しになるのですが、通常別れや歓迎などの正式な挨拶を「述べる」ときに使われます。意味としては say や wish と同じになるのですが、より硬くフォーマルな語感となっています。
bid farewell to 〜で「〜に別れを述べる」という言い方。亡くなった人に「(最期の) お別れを言う」という場合に用いられます。最後の the greatest entertainer ever lived はジャクソン 5 を発掘した Motown Records「モータウン・レコード」の創始者 Berry Gordy が挨拶の中で使った言葉です。
- 彼は、「マイケルのことを思い出せば思い出すほど、King of Pop という称号では十分でない気がする」といい、"I think he is simply the greatest entertainer that ever lived."「ともかくマイケルほど偉大なエンターテイナーは存在しなかった」と結びました。

Google to Launch Operating System

Google announced on Tuesday that it is developing its own operating system (OS) for personal computers, directly challenging to Microsoft's Windows.   Jul10,2009

• 👉チェック！ •
- launch[lɔ́:ntʃ] 参入する
- operating system　オペレーティング・システム、基本ソフト

対訳

「グーグル、OS 参入へ」

グーグルが火曜日に、独自のパソコン用基本ソフト（OS）を開発していると発表。マイクロソフト社のウィンドウズに対して真っ向から挑む形になる。　　2009年7月10日

訳出のポイント

- launch は英字新聞では頻出の重要単語のひとつです。もともとのロケット、ミサイルなどを「打ち上げる」「発射する」の意味から、事業・活動などを「開始する」、新製品などを「発売する」といった意味で多用される動詞。ここでは、新しい領域・計画などに「着手する」「乗り出す」→「参入する」の意味になっています。

- directly は direct「直接の」の副詞形で「直接に」「まっすぐに」。そこで challenge directly to 〜で「〜に（対して）直接に挑戦する」→「〜に対して真っ向から挑む」という言い方になります。

- パソコンの OS 市場といえば、マイクロソフト社のウィンドウズが圧倒的優位に立っていますから、そこにあえて参入するということは、すなわちマイクロソフト社に対して真っ向から挑むということを意味するわけです。現在開発中の OS は Google Crome OS「グーグル・クローム OS」で、当面のターゲットは netbook と呼ばれる小型・低価格のノートパソコンとのこと。
同社のインターネット・ブラウザー（閲覧ソフト）Google Crome をベースに設計し、2010年後半をめどに新 OS 搭載端末を発売する予定だそうです。

North Korean leader Kim Jong-il 'Has Pancreatic Cancer'

North Korean leader Kim Jong-il has been suffering from life-threatening pancreatic cancer, South Korea's YTN TV reported on Monday.　Jul15,2009

• 👉チェック！ •
- ☐ **pancreatic cancer**　すい臓がん
- ☐ **suffer from**　〜を患う
- ☐ **life-threatening**　命を脅かす

✍ 対訳

「北朝鮮の金正日総書記が "すい臓がん"」

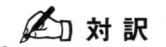

北朝鮮の金正日総書記がすい臓がんを患い、生命の危険があるという。韓国のYTNテレビが月曜日に伝えた。

2009年7月15日

👍 訳出のポイント

- pancreatic は pancreas「すい臓」の形容詞形「すい臓の」。そこで pancreatic cancer で「すい臓がん」です。
- suffer はもともと、「(肉体的・精神的に) 苦しむ」という意味の動詞で、「(苦痛や不快なことを) 経験する」「(被害・損害などを) 被る」といった否定的な意味で使われます。
  suffer from 〜で「〜に苦しむ」「〜に悩まされる」という言い方で、とくに〜の部分に病名などがくると日本語の「〜を患う」「〜にかかる」にあたる表現となります
  life-threatening は文字通り「命を脅かす」という意味の形容詞。つまり、「生きるか死ぬかの」「生死にかかわる」という意味です。そこで、has been suffering from life-threatening pancreatic cancer で「生死にかかわるすい臓がんを患っている」→「すい臓がんを患って生命の危険がある」ということです。
- YTN テレビは、北京の医療消息筋の話として、昨年夏に脳卒中で倒れたとみられる金総書記は、同じころにすい臓がんと診断されたと報道しています。

China's Foreign Reserves Exceed $2 trillion

China's foreign reserves have risen 17.8% over the previous year to $2.13 trillion as of the end of June, the People's Bank of China, the country's central bank, announced on Wednesday.　　　Jul16,2009

☞チェック!

- **foreign reserves**　外貨準備高
- **exceed**[iksí:d] 上回る、超える
- **previous year**　前年
- **People's Bank of China**　中国人民銀行

対訳

「中国の外貨準備高、2兆ドル突破」

中国の外貨準備高が6月末の時点で前年比17.8%増の2兆1300億ドルとなった。中央銀行である中国人民銀行が水曜日に発表した。　　　　　　　　　　2009年7月16日

訳出のポイント

- reserve はもともと「取っておく」「蓄えておく」という意味の動詞。ここから、「蓄え」「予備品」という意味の名詞にもなります。そして、とくに「貯蓄」「積み立て（金）」あるいは「準備金」といった意味でもよく使われる単語です。
  foreign reserve は「外資準備」。国家の中央銀行あるいは中央政府等の金融当局が、対外債務の返済・輸入代金の決済など対外支払いのために保有する外貨のことです。今日の場合は、foreign reserves と複数形で、その外貨準備の量、すなわち「外貨準備高」の意味になっています。

- previous は時間や順序が「前の」「以前の」という意味の形容詞。そこで previous year で「前年」ということです。over the previous year は直訳すると「前年よりも」。統計などの数字の増減に関して「前年と比べて」「前年比で」という表現としてよく使われます。

- as of ～は「～現在で」「～の時点で」という言い方。そこで as of the end of June で「6月末の時点で」ということです。中国の外貨準備高は2006年2月に日本を抜いて以来、世界一を維持してきましたが、今回初めて2兆ドルを突破したというニュースです。日本を抜いたのがわずか3年前だというのに、現在の中国の外貨準備高はなんと日本の2倍以上に膨らんでいます。また中国は外貨準備高の約70%を米ドル資産で運用していて、米国債の保有額も2008年9月に日本を抜いて世界一になっています。国際市場における中国の存在感の急激な高まりを象徴する話題といえます。

Fashion Designer Issey Miyake Asks Obama to Visit Hiroshima

Internationally renowned Japanese fashion designer Issey Miyake, a survivor of the atomic bombing of Hiroshima in World War II, urged U.S. President Barack Obama to visit the city on the annual commemoration day in an article New York Times on Tuesday. Jul17,2009

☞ チェック！

- [ ] **internationally renowned** 国際的に著名な
- [ ] **atomic bombing** 原爆投下
- [ ] **urge**[ə́r:rdʒ] 呼びかける
- [ ] **annual commemoration day** （毎年の）記念日

📝 対訳

「デザイナーの三宅一生さん、オバマ大統領に広島訪問を呼びかける」

国際的に著名なファッション・デザイナーで、第二次世界大戦の広島原爆生存者である三宅一生さんが、火曜日にニューヨーク・タイムズ紙に掲載された記事の中で、オバマ米大統領に原爆記念日に広島を訪問するよう呼びかけた。

2009年7月17日

👍 訳出のポイント

- renown の語源は古仏語の renomer「有名にする」で、古英語では「〜を有名にする」という意味の動詞として使われていました。しかし、現在では renown が動詞として用いられることはなく、「有名」「名声」(= fate) という意味の名詞になっています。ただ、古英語動詞 renown「〜を有名にする」の過去分詞が形容詞化した renowned「有名にされた」→「有名な」は、そのままの意味で残り、現在も使われています。そこで、internationally renowned で「国際的に著名な」という言い方になります。

- urge は英字新聞頻出の重要単語のひとつ。もともとは「せき立てる」「駆り立てる」という意味の動詞で、そこには"強い力で押す"といったニュアンスがあります。ただし、英字新聞ではほとんどの場合、urge 人 to V という形で登場します。この形で、「人を V するようにせき立てる」→「人に〜するように促す（勧める・要請する）」という言い方です。日本語訳としては「〜するよう呼びかける」「〜するよう要請する」「〜するよう勧める」といった感じになります。このような和訳の中で直接訳出するのは難しいかもしれませんが、その場合でも、urge がもともと持っている"強い調子""切羽詰まった感じ"は忘れないようにしておきたいものです。

Japanese Lower House Dissolved

Japan's Prime Minister Taro Aso dissolved the lower house on Tuesday, calling a general election on August 30th.   Jul22,2009

☞ チェック！

- **lower house**　衆議院
- **dissolve**[dizálv] 解散する
- **general election**　総選挙

📝 対訳

「日本：衆議院解散」

日本の麻生太郎首相は火曜日、衆議院を解散した。8月30日に総選挙を行う。　　　　　　　　　　2009年7月22日

👍 訳出のポイント

- 日本の「衆議院」は the House of Representatives ですが、the lower house とも言われます。それに対して「参議院」は the House of Councilors あるいは the upper house となります。

- dissolve は「溶かす」「分解する」という意味の動詞。ここから、議会や組織などを「解散する」、あるいは契約・責任・（結婚などの）関係を（法的に）「解消する」という意味でも使われます。ここでは dissolve the lower house で「衆議院を解散する」ということです。

- 動詞 call はもともと「大声で叫ぶ」という意味の単語。ここから「（人などを）呼ぶ」→「呼び寄せる」→「召喚する」となり、会議などを「召集する」という意味でも頻出です。そこで、call an election で「選挙を召集する」→「選挙を行う」の意味の表現になっています。

Japan's 'Kibo' Laboratory Complex Completed

Two spacewalking astronauts outfitted a new outdoor experiments platform with television cameras on Monday, completing Kibo, Japan's International Space Station research laboratory complex.

Jul29,2009

• ☞ チェック！ •

- **laboratory complex** 実験棟
- **complete**[kəmplíːt] 完成する
- **spacewalk**[spéiswàlk] 宇宙遊泳する
- **outfit**[áutfit] 取り付ける

✏️ 対訳

「日本の実験棟『きぼう』が完成」

月曜日、宇宙飛行士2人が宇宙遊泳で新しい船外実験プラットホームにTVカメラを設置し、国際宇宙ステーションの日本実験棟『きぼう』が完成した。　　2009年7月29日

👍 訳出のポイント

- spacewalk は直訳すると「宇宙歩行」、すなわち「宇宙遊泳」。名詞としても動詞（宇宙遊泳する）としても使われます。そこで Two spacewalking astronauts outfitted…の部分は「2人の宇宙遊泳する宇宙飛行士が…を設置した」→「宇宙飛行士2人が宇宙遊泳で…を設置した」ということです。
- outfit は fit out「〜に装備する」「〜に取り付ける」という意味の句動詞が逆転した動詞で「〜を取り付ける」の意。outfit A with B で「AにBを取り付ける」という言い方になります。
- platform は「壇」「台」の意味で、ここでは experiments platform で台状の実験設備と考えられます。また、outdoor experiments platform とあるので、この設備は outdoor「屋外」であること、すなわち国際宇宙ステーションの外に設置されたことがわかります。対訳では"宇宙船（宇宙ステーション）の外にある"ということで「船外実験プラットホーム」としています。というわけで、outfitted a new outdoor experiments platform with television camera で「新しい船外実験プラットホームにTVカメラを取り付けた」となります。
- 1985年の計画以来、開発および建設に7600億円を投じた日本初の有人宇宙施設が完成しました。船内と船外の空間をフルに活用できる日本独自の宇宙実験施設、今後どのように活用し、どのような成果が挙げられるのか、期待したいところです。

U.S. Housing Crisis Might Turn Corner

House Prices in the United States rose in May for the first time in nearly three years, a possible indication that the battered U.S. housing market is finally stabilizing. Jul30,2009

• 👉 チェック！ •
- **turn (the) corner** 峠を越す、危機を脱する
- **indication**[ìndikéiʃən] 兆候、兆し
- **battered**[bǽtərd] 打ちのめされた、疲弊した
- **stabilize**[stéibəlaiz] 安定する

対訳

「米国住宅危機、峠を越したか」

5月の米国住宅価格がほぼ3年ぶりに上昇した。打ちのめされていた米国の住宅市場がようやく安定してきたことを示す兆候と考えられる。

2009年7月30日

訳出のポイント

- turn the corner は、もともとは文字通り「角を曲がる」という言い方。ここから、事業や病気などに関して「危機を脱する」「峠を越す」という意味で使われるようになっています。今日の場合はタイトルなので冠詞の the が省略されていますが、turn the corner で成句。このまま覚えておきましょう。

- battered は「打ちのめす」「たたく」という意味の動詞 batter の過去分詞が形容詞化したもの。
  通常 battered shoes 「はきつぶされた靴」のように物が「つぶれた」「壊れた」「使い古された」「ボロボロになった」、あるいは battered woman 「虐待された女性」など、人が「暴力をふるわれた」「虐待された」などの意味で使われます。ただし、英字新聞では battered economy 「疲弊した経済」、battered stock market 「打撃を受けた株式市場」などのように、経済関連の記事でしばしば登場しています。今日の場合も battered U.S. housing market で「打ちのめされた米国住宅市場」となっています。文の後半、カンマ以下の indication that the battered U.S. housing market is finally stabilizing は、前半全体を言い換える形になっています。直訳すると「打ちのめされた米国住宅市場がようやく安定してきているという兆候」です。そして、その前に「可能性がある」「あり得る」という形容詞 possible がついているので、「打ちのめされた米国住宅市場がようやく安定してきているという兆候の可能性がある」→「打ちのめされた米国住宅市場がようやく安定してきている兆候と考えられる」ということです。

Schumacher Makes Surprise F1 Comeback

Seven-time world champion Michael Schumacher, who retired at the end of 2006, will return to Formula One to temporarily replace injured Ferrari driver Felipe Massa. Jul31,2009

👉 チェック！

- **temporarily**[tèmpərérəli] 一時的に
- **replace**[ripléis] 取って代わる
- **injured**[índʒərd] 負傷した

✍ 対訳

「シューマッハ、電撃のF1復帰」

過去7度世界チャンピオンに輝き、2006年度末に現役を退いたミハエル・シューマッハが、負傷したフェラーリのドライバー、フェリペ・マッサの代わりに一時的にF1に復帰する。
2009年7月31日

👍 訳出のポイント

- comeback も return もともに「戻ること」で、「回復」や「復帰」という意味でよく使われる名詞です。今日の本文では return は動詞「復帰する」として使われており、return to ～「～に復帰する」という形になっています。
- __ -time world champion は「__回世界チャンピオンに輝いた人」という言い方。ここでは、Michael Schumacher を説明しています。
- temporarily は形容詞 temporary「一時的な」の副詞形で「一時的に」。replace は、re-（もとのように）+ place（置く）という成り立ちの単語で、大本の意味は「あるもの（人）が別のもの（人）に取って代わる」ということです。主語が人の場合は、「～に（取って）代わる」「～の後を継ぐ」「～の後任となる」といった意味になります。今日の場合は、temporarily replace ～ですから「一時的に～に代わる」ということです。
- 現在40歳のシューマッハはフェラーリで5連勝を達成した後、2006年シーズンを最後に引退、同チームの顧問を務めています。フェラーリのドライバー、マッサが先のハンガリー・グランプリで頭部に重傷を負ったのを受けて、短期間のF1復帰を決断したというもの。"For team loyalty reasons I can't ignore this unfortunate situation." 「チームのために、この不運な状況を見過ごすことはできない」と語っています。

石田健の『日々雑感』

休日の過ごし方

　休日の朝は、必ず、ゴルフ練習場に行きます。車で首都高を使って15分くらいのところにある練習場です（江戸川区葛西にあります）。

　そこで200球ほど打ち込み、帰宅し、1時間ほど風呂に入ります。僕は長湯なほうで、お風呂に本を持ち込みます。好きな小説を読みながら、長時間お風呂に入っているときが一番満たされます。

　午後は家族で買い物や映画に行きます。よく行く映画館は豊洲にあるユナイテッドシネマ。このプレミアムシートをネットで事前に予約して行きます。映画に行くときは、その前にゴルフ練習で往復したレインボーブリッジを再び渡ることになります。1日2往復ですね（汗）

　その後、夕食の食材を購入にスーパーへ。平日は子どもたちと食事を共にしませんので週末は常に一緒に過ごします。

　夕食後、小説を読んだりDVDを観て過ごします。土日には仕事を一切しません。これはもう起業してから守っていることです。その分、平日は集中力を高めて仕事します。

August, 2009
2009 年 8 月

- Space Shuttle Endeavour Returns Safely （Aug3, 科学）

- Bill Clinton Meets Kim Jong-il in Pyongyang （Aug6, 政治）

- Noriko Sakai Arrested for Possession of Stimulants （Aug10, 芸能）

- Major Earthquake Hits Central Japan （Aug12, 日本）

- Tokyo Stocks Rise after Fed Statement （Aug14, 経済）

- PGA Championship; Ryo Ishikawa Makes the Cut （Aug17, スポーツ）

- Former South Korean President Kim Dae-Jung Dies （Aug19, 訃報）

- Apple to Probe iPhones and iPods "Explosion" （Aug20, 社会）

- Jamaica's Bolt Scores Third Gold （Aug25, スポーツ）

- Michael Jackson Dies from Lethal Dose of Anesthetic （Aug26, 芸能）

Space Shuttle Endeavour Returns Safely

Space shuttle Endeavour landed in Florida on Friday to bring back seven astronauts safely to Earth including Koichi Wakata, the first Japanese to experience a long-term stay on the International Space Station. Aug3,2009

● ☞ チェック！
- **return**[ritə́ːrn] 帰還する
- **land**[lǽnd] 着陸する
- **long-term stay**　長期滞在

対訳

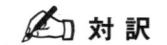

「スペースシャトル『エンデバー』、無事に帰還」

スペースシャトル『エンデバー』が金曜日フロリダに着陸し、日本人としては初めて国際宇宙ステーションでの長期滞在を経験した若田光一さんを含む宇宙飛行士7人が無事地球に帰還した。　　　　　　　　　　　2009年8月3日

訳出のポイント

- return は「戻る」「帰る」という意味の基本的動詞。return safely で「安全に戻る」→「無事帰還する」という言い方です。とくに宇宙開発関連の記事では、return to earth safely「無事地球に帰還する」という表現でよく使われます。
- bring back は「戻す」「連れ戻す」という意味の句動詞です。ここでは、〈bring back 人 to 場所〉という形で「人を場所に連れ戻す」という言い方になっています。つまり、人 = seven astronauts、場所 = Earth という形で、ここに先述の副詞 safely「安全に」→「無事に」が挿入されているので、「(スペースシャトル『エンデバー』が) 宇宙飛行士7人を安全に連れ帰った」→「(スペースシャトル『エンデバー』で) 宇宙飛行士7人が無事帰還した」ということです。
- また、文の後半 including 以下は、seven astronauts を修飾するもので、「～を含む宇宙飛行士7人」の意味になります。the first Japanese to ～で「～する (した) 最初の日本人」という言い方。ここでは、その直前の Koichi Wakata を言い換える形になっているので、「日本人としては初めて～した若田光一さん」のように訳しています。

Bill Clinton Meets Kim Jong-il in Pyongyang

Former U.S. president Bill Clinton, who made an unannounced visit to North Korea to meet the leader Kim Jong-il, left Pyongyang with two detained reporters for Los Angels on Wednesday.

Aug6,2009

• ☝チェック！•
- ☐ **make an unannounced visit**　予告なしで訪問する
- ☐ **detained**[ditéind] 抑留された

✍ 対訳

「クリントン元大統領、平壌で金正日総書記と会談」

予告なしに平壌を訪問し金正日総書記と会談したビル・クリントン元米大統領は、水曜日に抑留されていた記者2人とともに北朝鮮を発ち、ロサンゼルスへと向かった。

2009年8月6日

👍 訳出のポイント

- announce は「知らせる」「告げる」という意味の動詞。unannounced は、この動詞 announce の過去分詞 announced「知らせた」の前に否定の接頭辞 un- がついて形容詞化したもの。「知らせなかった」→「予告なしの」という意味です。したがって unannounced visit で「予告なしの訪問」。また、make a visit to ～が「～を訪問する」という言い方なので、made an unannounced visit to North Korea は「北朝鮮を予告なしで訪問した」ということになります。

- detain は「(人を) 引き留める」「拘留する」「抑留する」という意味の動詞なので、two detained reporters で「抑留された2人の記者」です。北朝鮮に不法入国したとして5ヶ月にわたり抑留されていた米国人記者 Laura Ling ローラ・リンさんと Euna Lee ユナ・リーさんが、クリントン元大統領とともに帰国の途についたというニュースです。会談の中でクリントン元大統領は、2人の不法入国を謝罪した上で人道的立場から解放を求める米政府の要請を伝え、金総書記はこれに応じる形で恩赦 pardon を与えたということです。

Noriko Sakai Arrested for Possession of Stimulants

Japanese singer and actress Noriko Sakai was arrested on suspicion of possessing stimulants Saturday evening, after turning herself in a Tokyo police station. She disappeared for six days following her husband's arrest.　　　　　　Aug 10, 2009

・ ☞チェック! ・

- **possession of stimulants**　覚せい剤所持
- **suspicion**[səspíʃən] 容疑
- **turn oneself in**　出頭する
- **following**[fálouiŋ] 〜の直後に

✍ 対訳

「酒井法子容疑者、覚せい剤所持で逮捕」

日本の歌手で女優の酒井法子容疑者が、土曜日夜に東京都内の警察署に出頭し、覚せい剤所持の容疑で逮捕された。酒井容疑者は、夫の逮捕直後、6日間行方がわからなくなっていた。
        2009年8月10日

👍 訳出のポイント

- possess は「所有する」「有する」という意味の動詞で、possession はその名詞形なので「所有」「所持」。そこで、タイトルの Possession of Stimulants と本文の possessing of stimulants はともに「覚せい剤所持」ということです。
- arrest は名詞で「逮捕」、動詞で「逮捕する」。受動態 (be) arrested で「逮捕される」ということです。また、(be) arrested for ～で「～で逮捕される」のように、逮捕の理由を示す言い方になります。
- suspicion は動詞 suspect「疑う」の名詞形で「疑い」「疑念」→「容疑」「嫌疑」の意で、on suspicion of ～の形だと「～の疑いで」「～の容疑で」という言い方です。そこで、was arrested on suspicion of possessing stimulants は「覚せい剤所持の容疑で逮捕された」となります。
- turn in ～は「～を提出する」「～を届け出る」という意味の句動詞です。とくに、「人を警察などに提出する」→「警察に引き連れて行く」→「警察に出頭（自首）させる」という意味にも使われます。つまり、turn oneself in で「自分を警察に連れて行く」→「(自分で) 警察に出頭する」、「自首する」という表現になります。

Major Earthquake Hits Central Japan

A large-scale earthquake with a magnitude of 6.5 rocked Shizuoka Prefecture in central Japan early Tuesday, injuring at least 100 people.　Aug12,2009

• ☝チェック！ •
- □ **large-scale**　大規模な
- □ **rock**[rák] 揺さぶる

対訳

「日本中部で大規模地震」

火曜日未明にマグニチュード 6.5 の大規模地震が日本中部の静岡県で発生し、少なくとも 100 人が負傷した。

2009年 8 月12日

訳出のポイント

- 日本語でも「スケールが大きい」といいますが、名詞 scale には「規模」「程度」という意味があります。そこで、large-scale は「大型の」「大規模な」という意味の形容詞になります。ほかにも、full-scale「完全規模の」、global-scale「地球規模の」といった言い方もします。

- rock というと「岩」という意味の名詞、あるいはロックミュージックの「ロック」の意でよく知られていますが、今日登場しているのは語源も意味も全く異なる動詞の rock です。前後に揺らすイス、「揺りイス」のことを rocking chair「ロッキングチェア」というように、動詞 rock は「揺らす」「揺り動かす」という意味なのです。例えば、The mother rocked the baby in her arms. 「母親は赤ちゃんを腕の中で揺り動かした」→「母親は赤ちゃんを腕に抱いて揺り動かした」という具合にも使います。ここから、新聞用語として、地震や爆発などが「〜を（激しく）揺さぶる」「振動させる」という意味に使われ、英字新聞でもしばしば登場します。

  直訳としては、a large-scale earthquake rocked Sizuoka Prefecture で「大規模地震が静岡県を揺さぶった」ですが、日本語に訳す場合は「大規模地震が静岡県を襲った」→「大規模地震が静岡県で発生した」でかまわないでしょう。

Tokyo Stocks Rise after Fed Statement

Japan's Nikkei average rebounded Thursday after the U.S. Federal Reserve suggested the world's biggest economy is through the worst of the recession.　　　　　　　　　　Aug 14, 2009

● ☝チェック！

- ☐ **Federal Reserve（Fed）** 米連邦準備理事会
- ☐ **statement**[stéitmənt] 声明
- ☐ **rebound**[ribáund] （株価が）反発する
- ☐ **through the worst** 峠を越えている

対訳

「FRB の声明受け、東証株価上昇」

米連邦準備理事会が、世界最大である米国経済の不況は峠を越したと示唆したのを受け、日経平均株価は木曜日に反発した。
2009年8月14日

訳出のポイント

- タイトルの Fed は本文で登場している U.S. Federal Reserve の省略形。正式には Federal Reserve Board「米連邦準備(制度)理事会」のことです。statement は「述べる」「言明する」という意味の動詞 state の後ろに「〜こと」という名詞を作る接尾辞 -ment がついたもので、「発言」「声明」といった意味になります。

- rebound はもともと「跳ね返る」という意味の動詞ですが、ここから「立ち直る」という意味にも使われます。そして、英字新聞では株価などが「回復する」→「反発する」という意味で頻出なのでしっかり確認しておきましょう。

- through は「通り抜けて」という意味の前置詞ですが、ここからある過程の終了、すなわち「〜を終えて」「〜を経て」「〜を切り抜けて」といったニュアンスにもなります。そこで、(be) through the worst を直訳すると「最悪(の状況・時期)を終えて」となります。つまり、試練や困難に関して「最悪の状態は終えている」→「峠は越えている」状況を表す表現となっています。そして、the world's biggest economy「世界最大の経済」は米国を言い換えたものなので、world's biggest economy is through the worst of the recession の部分は「世界最大である米国経済の不況は峠を越えている」ということです。

- FRB の声明は、「米国の経済活動は横ばいになっている」とし、景気が「底入れ」bottoming out 段階にあるとの認識を示しました。

111

PGA Championship; Ryo Ishikawa Makes the Cut

17-year-old Ryo Ishikawa, the youngest player to compete in a PGA Championship, made his first cut at a major tournament on Friday, after missing the cut at the Masters in April and the British Open last month. Aug17,2009

• 👆チェック! •

□ **PGA Championship**〔ゴルフ〕全米プロ選手権
□ **make（miss）the cut** 予選を通過する（予選落ちする）
□ **compete**[kəmpíːt] 競争する→（試合などに）出場する

対訳

「全米プロ選手権、石川遼が予選通過」

4月のマスターズと先月の全英オープンでともに予選落ちした17歳の石川遼が金曜日、史上最年少で出場している全米プロ選手権大会で初のメジャー予選突破を果たした。

2009年8月17日

訳出のポイント

- compete は「競争する」「競う」という意味の動詞。ここから、compete in 〜 で「〜で競争する」→「〜（競技・試合など）に参加（出場）する」という言い方になります。そこで、カンマにはさまれた the youngest player to compete in a PGA Championship の部分は「全米プロ選手権に出場する最年少プレイヤー」という意味になり、これは直前の 17-year-old Ryo Ishikawa を言い換えたものです。

- make the cut が「予選を通過する」という表現なので、made his first cut at a major tournament は「メジャー大会における彼の最初の予選通過を果たした」という意味になります。また、make the cut の逆の表現 miss the cut「予選落ちする」もあわせて確認しておきましょう。

- さて、今日の文は直訳すると「全米プロ選手権大会史上最年少出場の17歳の石川遼が、4月のマスターズと先月の全英オープンでともに予選落ちした後、金曜日に初のメジャー予選突破を果たした」となります。対訳では、よりわかりやすい日本文にするために、全体の意味をくずさないようにしつつ、語順などを入れ替えて意訳しているというわけです。

Former South Korean President Kim Dae-Jung Dies

Former South Korean President Kim Dae-Jung, who won the Nobel Peace Prize in 2000 for his "Sunshine Policy" to seek rapprochement with North Korea, died at the age of 85 on Tuesday.　　Aug19,2009

・ ☛チェック！ ・
- **Nobel Peace Prize**　ノーベル平和賞
- **rapprochement**[ræproʊʃmɑ́ːŋ]（国家間の）親交関係の確立・回復

対訳

「韓国の金大中元大統領が死去」

北朝鮮との関係改善を求める"太陽政策"で2000年にノーベル平和賞を受賞した韓国の金大中元大統領が、火曜日に85歳で死去した。　　　　　　　　　　2009年8月19日

訳出のポイント

- sunshine は「太陽の光」「日光」という意味の名詞。ここでは韓国の「太陽政策」の英語名が "Sunshine Policy" となっています。「太陽政策」とは、韓国政府による北朝鮮に対する友好的な外交政策。1998 年に大統領に就任した金大中政権が推進し、盧武鉉政権に引き継がれました。
  これは、イソップ童話の『北風と太陽』にちなんだ名称で、北朝鮮のかたくなな姿勢を変えるには圧力ではなく温情が有効だという考えに基づく政策です。つまり、軍事力ではなく人道的・経済的援助や文化の交流を通じて朝鮮半島統一を目指すというものです。

- 動詞 win というと「勝つ」「優勝する」ですが、「(賞・賞品などを)勝ち取る」という意味から、「受賞する」場合にも使われます。そこで、won the Nobel Peace Prize in 2000 で「2000 年にノーベル平和賞を受賞した」ということになります。

- rapprochement は、国家間の「親交関係の確立」あるいは「回復」を意味する名詞。ここから、「和解」「親善」、あるいは「関係改善」のように訳されることもあります。通常は rapprochement with 〜「〜との関係改善」、あるいは rapprochement between 〜「〜間の関係改善」という形で登場します。そこで、seek rapprochement with North Korea は「北朝鮮との関係改善を求める」になります。

Apple to Probe iPhones and iPods "Explosion"

Apple launched an investigation into malfunctioning iPhones and iPods, following media reports of certain products allegedly exploding or catching fire in Britain, France, Holland, and Sweden.

Aug20,2009

• ☝チェック! •

☐ **probe**[próub] 調査する
☐ **investigation**[invèstəgéiʃən] 調査
☐ **malfunctioning**[mælfʌnkʃəniŋ]（機器などが）正常に動作しない
☐ **allegedly**[əlédʒidli] 〜だといわれている

対訳

「アップル、iPhone と iPod の"爆発"調査へ」

アップル社は、英国、フランス、オランダ、スウェーデンで一部の製品が爆発あるいは発火したというメディアの報道を受けて、iPhone および iPod の不具合について調査を開始した。
2009年8月20日

訳出のポイント

- probe は「調査」「精査」という意味の動詞で、新聞の見出しでは investigation に代わる単語としてよく使われます。今日のタイトルでは、動詞として investigate「調べる」の意味で用いられています。launch an investigation で「調査（捜査）を開始する」という表現。また、investigate および investigation は前置詞 into を取るのが普通で、investigation into ～で「～についての調査」です。

- malfunction は mal-（不完全な）＋ function（機能する）という成り立ちで、「不完全に機能する」→「正常に機能しない」「誤動作をする」「異常（不具合）をきたす」という意味の動詞です。そこで malfunctioning iPhones and iPods は「不具合がある iPhone および iPod」ということになります。

- allegedly は「申し立てによると」「伝えられるところによると」という意味の副詞で、通常は「～だといわれている（伝えられている）」と訳されます。"真偽のほどは不明であるが、～だといわれている"という場合で、主に事件・捜査・公判などの際に公正を期すために使用される報道用語となっています。

- catch fire は直訳すると「火を捕らえる」ですが、「火がつく」「燃え出す」「発火する」という意味の表現です。先週フランス南部で 18 歳の少年が iPhone を使用していたところ、突然爆発してスクリーン部分の破片が目にささるという事故が発生しました。

117

Jamaica's Bolt Scores Third Gold

Usain Bolt, who won the 100m and 200m titles with new marks, missed out on a third world record but still made a third gold medal at the World Championships in Berlin as the Jamaican team won the 4x100m relay.　　　　　　　　Aug25,2009

チェック！

- **new mark**　新記録
- **miss out on**　(チャンスなどを) 逃す

対訳

「ジャマイカのボルトが3冠」

男子100メートルと200メートルで新記録をマークして優勝したウサイン・ボルトは、3つ目の世界記録は逃したものの、400メートルリレーでジャマイカが優勝を果たし、ベルリン世界陸上選手権における3つ目の金メダルを獲得した。　　　　　　　　　　　　　　　　2009年8月25日

訳出のポイント

- 「新記録」というと new record が一般的ですが、new mark も同じ意味で使われます。そこで、won the 100m and 200m titles with new marks は「新記録をともなって100m と 200m で優勝した」→「新記録をマークして100m と 200m で優勝した」ということです。

- 動詞 miss には機会などを「逃す」「見逃す」といった意味があります。ここから、miss out on ~ でチャンス・楽しいことなどについて「~(のチャンス)を逃す」「~を経験しそこなう」という表現になっています。

- but still は直訳すると「しかし、なお~」→「それにしてもなお」。つまり、この表現をはさんで、前後に肯定的な要素と否定的な要素が配置されます。日本語にすると「~したものの…」といったニュアンスになる接続表現です。

- 日本語では「400メートルリレー」といいますが、英語では 400m relay ではなく、4x100m relay と記されるので注意しましょう。4x100m relay は「4人が100メートルずつ走るリレー」ということなので、理にかなった言い方といえます。

119

Michael Jackson Dies from Lethal Dose of Anesthetic

Pop star Michael Jackson died from a lethal dose of the powerful anesthetic propofol given in a cocktail of at least two other drugs, coroner's office documents showed on Monday.　　Aug26,2009

・⚐チェック！・

- **lethal dose**　致死量
- **anesthetic**[ænəsθétik] 麻酔薬
- **cocktail**[káktèil] 混合
- **coroner's office**　検視局

📝 対訳

「マイケル・ジャクソン、麻酔薬の致死量投与で死亡」

マイケル・ジャクソンの死亡は、少なくとも2種類の薬剤とあわせて投与された致死量の強力な麻酔薬プロポフォールによるものだった。月曜日に検視局の文書から明らかになった。　　　　　　　　　　　　　　　2009年8月26日

👍 訳出のポイント

- メル・ギブソン主演の映画シリーズ Lethal Weapon「リーサル・ウェポン」でおなじみの単語 lethal は、「死をもたらす」→「致死の」という意味の形容詞。lethal dose で薬や放射線の「致死量」という言い方です。

- cocktail はもともと、cock-「おんどり（オスのニワトリ）」+ tail「尾」という成り立ちで、米俗語で「尻尾を短く切られた雑種の馬」を指しました。つまり「おんどりのような尻尾をした雑種の馬」ということから、「雑種」→「混合物」という意味に使われるようになったわけです。通常は、ジンやラムなどの強い酒をベースにした混合酒「カクテル」を意味します。martini や manhattan などが代表的なものですね。ただ、酒以外にも複数のものを混ぜた「混合物」あるいは「組み合わせ」「寄せ集め」といった意味でも使われる単語です。

- 今日の場合は、propofol given in a cocktail of at least two other drugs で、「少なくとも2種類の他の薬物の混合の中で与えられたプロポフォール」ということです。すなわち、強力な麻酔薬プロポフォールが単独ではなく少なくとも2種類の薬物とあわせて投与されていたことを意味しています。プロポフォールは通常は手術時に専門スタッフによる厳格な監視の下で用いられる全身麻酔用の薬剤。不眠で悩んでいたマイケルに対して、コンラッド・マーレー主治医は、このプロポフォールを毎晩静脈注射していたということです。

石田健の『日々雑感』

早寝早起きのすすめ

時々自分でも異常じゃないかと思うことがありますが、僕はすごく早起きなんです。遅くとも5時、早いときは3時頃から起きています。僕からメールをもらう人はだいたい4時から6時に集中しています。

ということは寝るのも早い。だいたい普段22時～23時にはベッドへ行きます。いつもお酒が入ってますので、寝つきはすごくいいです。で3時や4時には起きますので、睡眠時間は5、6時間です。

早朝は脳が一番ストレスを受けてません。だから創造的な思考をするには一番なのです。僕の新しいビジネスのアイデアはだいたいこの時間に思いついたものが多い。

ヨガの世界でも朝4時から6時というのは瞑想に一番向いているといわれています。脳が一番クリーンだからでしょう。そういう意味では、この時間に起きてない人というのは非常にもったいないということになります。

だからゴルフや釣りで朝早く起きなくてはいけない、というときも僕は全く苦痛を感じることはありません。

September, 2009
2009 年 9 月

- Japan's Democratic Party Takes Power （Sep1, 日本）

- Uniqlo to Sell Products with Disney Characters （Sep2, 日本）

- Ichiro, Second-fastest to 2,000 Hits （Sep8, スポーツ）

- U.S. Loses World's No.1 Competitiveness （Sep9, 経済）

- Toyota to Hire 800 Contract Workers （Sep10, 日本）

- Israeli War Film "Lebanon" Wins Top Prize in Venice （Sep14, 芸能）

- DPJ's Hatoyama Elected as Japan's New PM （Sep17, 日本）

- Japan's New PM Pledges 25% Emissions Cut （Sep24, 日本）

- Date Krumm Wins Korea Open （Sep28, スポーツ）

- Apple's App Store Downloads Top 2 Billion （Sep30, 社会）

Japan's Democratic Party Takes Power

The Democratic Party of Japan scored a landslide victory in the Lower House election on Sunday, ending more than half a century of almost uninterrupted rule by the Liberal Democratic Party.

Sep1,2009

チェック!

- **take power**　政権を握る
- **landslide victory**　圧勝
- **uninterrupted rule**　連続支配

✍ 対訳

「日本の民主党、政権を奪取」

日曜日の衆議院選挙で日本民主党が圧勝を収め、半世紀以上にわたってほぼ途切れず続いた自民党支配に終止符を打った。
2009年9月1日

👍 訳出のポイント

- power が「権力」→「政権」の意味でよく使われることは、英字新聞でも重ねて確認してきました。そこで、タイトル中の take power は「権力をつかむ」「政権を握る」という言い方になります。

- こちらも復習ですが、score a landslide victory で「圧勝を収める」。今回の衆議院選挙では、480の議席のうち公示前には115議席だった民主党が308議席獲得し、第一党の座に躍り出ました。まさに landslide victory といえるでしょう。

- interrupt は「中断する」という意味の動詞。よって、この interrupt の過去分詞 interrupted「中断された」の前に否定の接頭辞 un- がついた uninterrupted は「中断されていない」→「中断なしの」「途切れない」「連続した」という意味の形容詞です。

- さて「自民党」Liberal Democratic Party は、1955年の結党以来ほぼ一貫して議会で多数を占め、与党として政権を担ってきました。このあたりが、almost uninterrupted rule by the Liberal Democratic Party「自民党によるほぼ連続した支配」→「ほぼ途切れずに続いた自民党支配」と表現されているわけです。したがって、後半の ending more than half a century of almost uninterrupted rule by the Liberal Democratic Party は「半世紀以上の自民党によるほぼ途切れず続いた支配を終わらせる」→「半世紀以上にわたってほぼ途切れず続いた自民党支配に終止符を打つ」ということです。

125

Uniqlo to Sell Products with Disney Characters

Fashion retailer Uniqlo Co., Ltd. announced Monday that it entered into a licensing agreement with The Walt Disney Company to launch T-shirts and other products featuring familiar Disney characters from early September.　　　　　　　　Sep2,2009

チェック!

- **fashion retailer**　ファッション小売店
- **enter into a licensing agreement**　ライセンス契約を結ぶ
- **feature**[fíːtʃər] 目玉にする→（商品にキャラクターを）あしらう

対訳

「ユニクロ、ディズニーのキャラクター商品販売へ」

ファッション小売業のユニクロが、ウォルト・ディズニー・カンパニーとライセンス契約を結び、9月上旬におなじみのディズニー・キャラクターをあしらったTシャツやその他の商品を発売する。同社が月曜日に発表した。

2009年9月2日

訳出のポイント

- licensing agreement 「ライセンス契約」は、特許・著作権など知的財産について、その所有者と第三者との間に結ばれる実施・使用許諾に関する契約です。
  今日の内容でいくと、ユニクロが、自社製の衣料品にミッキーマウスなどのキャラクターを使用することを、(キャラクターの)所有者であるディズニー社が許諾する契約が結ばれたということです。

- entre into ~は「~に入る」「~を始める」という意味の句動詞ですが、enter into an agreement で「契約に入る」→「契約を結ぶ」という言い方になります。今日の場合は、enter into a licensing agreement なので「ライセンス契約を結ぶ」ということです。

- feature はもともと「特徴」「特性」という意味の名詞で、ここから「特徴づけるもの」→「主要なもの」「目玉」「呼び物」といった意味に使われます。そして、動詞として用いられ、その場合「~を特徴づける」「~を目玉にする」という意味になります。そこで、featuring familiar Disney characters で「おなじみのディズニー・キャラクターを目玉にする」ということ。ここでは、Tシャツなどの商品ということで、「おなじみのディズニー・キャラクターをあしらったTシャツなど…」としています。

127

Ichiro, Second-fastest to 2,000 Hits

Seattle Mariners' outfielder Ichiro Suzuki, who accumulated 1,278 hits in Japan, became the second-fastest Major Leaguer to reach 2,000 hits in the first inning of Sunday's game against the Oakland Athletics.   Sep8,2009

☞チェック!

- **outfielder**[áutfìːldər]［野球］外野手
- **accumulate**[əkjúːmjəlèit] 積み上げる、累積する

📝 対訳

「イチローが 2000 安打、史上 2 番目のスピード達成」

日本では通算 1278 安打のシアトル・マリナーズ外野手イチロー（本名＝鈴木一朗）が、日曜日のオークランド・アスレチックス戦の 1 回で 2000 安打を達成した。メジャーリーガーとして史上 2 番目のスピード達成となった。

2009年 9 月 8 日

👍 訳出のポイント

- 日本では"イチロー"ですが、英語のメディアでは通常は本名の Ichiro Suzuki として報じられています。それを受けてか、メジャーリーグでの活躍を伝える日本のニュースでは『イチロー（本名＝鈴木一朗）』とするケースも目立っています。

- the second-fastest Major Leaguer to reach 2,000 hits の部分を直訳すると「2000 安打に達する 2 番目に早いメジャーリーガー」となり、すなわち「2000 安打を達成するスピードが 2 番目に早かったメジャーリーガー」という意味です。
今回イチローは出場 1402 試合で 2000 安打を達成したのですが、これは、1922 年から 1944 年までプレーしたアル・シモンズの 1390 試合に次ぐメジャーリーグ史上 2 番目のスピード達成だったというわけです。タイトルの Second-fastest to 2,000 Hits も同様の意味で、「2000 安打へ 2 番目のスピード（達成）」ということ。

- accumulate は「積もる」「蓄積する」あるいは「積み上げる」「累積する」という意味の動詞です。そこで who accumulated 1,278 hits in Japan の部分は「日本で 1278 安打を累積した」→「日本で通算 1278 安打の」ということです。

U.S. Loses World's No.1 Competitiveness

Switzerland knocked the United States off the position as the world's most competitive economy, the World Economic Forum's Global Competitiveness Report 2009-2010 said on Tuesday.

Sep9,2009

☞ チェック!

- **competitiveness**[kəmpétətivnəs] 競争力
- **knock off** たたき落とす
- **World Economic Forum** 世界経済フォーラム

対訳

「米国の競争力、世界1位から転落」

世界経済フォーラムが火曜日に発表した「2009–2010年度世界競争力報告」では、スイスが米国を抜いて世界で最も競争力を持つ経済となった。　　　　2009年9月9日

訳出のポイント

- competitive は動詞 compete「争う」「競争する」から派生した形容詞で「競争的な」「競争力のある」。そして competitiveness はこの形容詞 competitive の名詞形で、「競争的なこと」「競争力」ということです。

- knock off は「〜をたたき落とす」「〜を払い落とす」という意味の句動詞。knock 〜 off…で「〜を…からたたき落とす」という言い方になります。そこで、Switzerland knocked the United States off the position as the world's most competitive economy は「スイスが米国を世界で最も競争力のある経済という地位からたたき落とした」→「スイスが米国を抜いて世界で最も競争力を持つ経済という地位に躍り出た」ということです。

- World Economic Forum（= WEF）「世界経済フォーラム」は、スイスのジュネーヴに本部を置く独立非営利財団で、毎年1月下旬に世界中の巨大企業の経営者、政治指導者、知識人、ジャーナリストが参加する通称"ダボス会議"を主催することで知られています。同フォーラムの Global Competitiveness Report「世界競争力報告」では、現在の指数が導入された2004年以来4年間連続で米国が世界一の競争力を持つ経済の座を保っていました。今回は、昨年の金融危機の影響が大きい米国が2位に転落したというニュースです。

ちなみに、日本は前年の9位から8位に浮上しています。

Toyota to Hire 800 Contract Workers

Toyota said it is to hire 800 contract workers in Japan in its first job increase in 16 months due to higher domestic demand for its hybrid car Prius, the Japanese automaker said on Tuesday.　Sep10,2009

☞チェック！

- □ **hire**[háiər] 雇う
- □ **contract worker**　契約従業員
- □ **domestic demand**　国内需要

✍ 対訳

「トヨタ、契約従業員 800 人採用へ」

日本の自動車メーカーのトヨタは火曜日、同社ハイブリッド車『プリウス』の国内需要が高まっていることから、16ヶ月ぶりに日本国内で契約従業員 800 人を採用する、と発表した。

2009年9月10日

👍 訳出のポイント

- hire は「雇う」という意味の動詞。employ「雇用する」と意味的には同じですが、「雇う」の意で最も口語的な語となっています。また、とくに"特定の目的や仕事のために一時的に（通常は短期間）人を雇う"というニュアンスでよく使われます。例えば「殺し屋を雇う」という場合、employ a hit-man ではなく hire a hit-man が適切です。今日の場合も、特定の期間契約して働く contract worker「契約従業員」→「契約従業員」を採用するというニュースなので、hire が使われているわけです。

- in its first job increase in 16 months は直訳すると「16ヶ月で初めての仕事（職）の増加において」で、すなわち「16ヶ月ぶりに雇用を増やして」という意味になります。また、その後に続く due to higher domestic demand for its hybrid car Prius の部分は「その（トヨタの）ハイブリッド車『プリウス』へのより高い国内需要のために」→「同社ハイブリッド車『プリウス』の国内需要が高まっていることから」ということです。

133

Israeli War Film "Lebanon" Wins Top Prize in Venice

The Israeli film "Lebanon" by Director Samuel Maoz, which was shot almost entirely from inside a tank to show the cruelties of war, won the Golden Lion, the top award at the Venice International Film Festival, on Saturday.　　　　　Sep14,2009

● ☝チェック！ ●

- □ **tank**[tǽŋk] 戦車
- □ **cruelty**[krúːəlti] 悲惨さ
- □ **Venice International Film Festival**　ベネチア国際映画祭

対訳

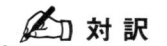

「ベネチア国際映画祭、イスラエルの戦争映画『レバノン』が最高賞」

イスラエルのサミュエル・マオズ監督による『レバノン』が、土曜日にベネチア国際映画祭の最高賞である金獅子賞を受賞した。この作品は、ほぼ全編が戦車の内部から撮影され、戦争の悲惨さを描いたもの。　2009年9月14日

訳出のポイント

- cruel は「冷酷な」「残酷な」「悲惨な」という意味の形容詞です。cruelty はこの形容詞の後ろに「性質」「状態」などの意味をつくる接尾辞 -ty がついたもので、「残酷さ」「むごたらしさ」「悲惨さ」という意味の名詞。通常は複数形 cruelties で「残酷（な行為・言動・言葉）」を表します。そこで、which was shot almost entirely from inside a tank to show the cruelties of war の部分は「戦争の悲惨さを表すためにほぼ完全に戦車の内部から撮影された」→「ほぼ全編が戦車の内部から撮影され、戦争の悲惨さを描いた」ということです。

そして、カンマの直前に by Director Samuel Maoz が挿入されてはいますが、関係代名詞 which は、その前の The Israeli film "Lebanon" を受けています。したがって、今日の文をそのまま訳すと「ほぼ全編が戦車の内部から撮影され、戦争の悲惨さを描いたサミュエル・マオズ監督のイスラエルの戦争映画『レバノン』が…」となります。

ただし、これでは『レバノン』にかかる修飾部分が長すぎてわかりにくいので、対訳ではカンマで囲まれた which 以下の文節を独立させ、「この作品は、ほぼ全編が戦車の内部から撮影され、戦争の悲惨さを描いたもの」としています。

DPJ's Hatoyama Elected as Japan's New PM

The leader of Democratic Party of Japan Yukio Hatoyama was formally elected as the country's new Prime Minister Wednesday afternoon.

Sep17,2009

• ☝チェック！•

☐ **PM**（= Prime Minister） 内閣総理大臣
☐ **formally**[fɔ́ːrməli] 正式に

✍ 対訳

「民主党鳩山代表、新首相に選出」

水曜日午後、日本民主党の鳩山由紀夫代表が正式に日本の新しい内閣総理大臣に選出された。　　2009年9月17日

👍 訳出のポイント

- 今日のタイトルのように、Democratic Party of Japan「日本民主党」はしばしば DPJ と略されるので確認しておきましょう。
- elect は「選挙する」「(選挙・投票によって) ～を選ぶ」という意味の動詞。elect A as B の形で「A を B に選出する」という言い方になります。ただし、今日の場合はタイトル、本文ともに受動態で使われていて、その場合は A is elected as B という形になります。また、タイトルでは DPJ's Hatoyama (is) Elected as Japan's New PM のように受動態の be 動詞が省略されているので、「民主党の鳩山代表が日本の新首相として選出される」ということです。本文の方も同様ですが、こちらは was formally elected as ～で「正式に～として選出された」ということです。
- 民主党政権が初めの一歩を踏み出しました。海外のメディア報道をのぞいてみると…新政権を untested government「真価がまだ問われていない政府」と呼び、struggling economy「苦しむ経済」や fast-aging society「急速に進む高齢化社会」など難しい問題が山積みの difficult start「厳しい船出」という捉え方が目立っています。

Japan's New PM Pledges 25% Emissions Cut

Japanese Prime Minister Yukio Hatoyama pledged on Tuesday that Japan will cut its greenhouse gas emissions by 25 percent by 2020 from 1990 levels, in his first U.N. speech since taking office.

Sep24,2009

☞ チェック！

- **pledge**[plédʒ] 誓約する
- **greenhouse gas emission** 温室効果ガス排出
- **take office** 就任する

対訳

「日本の新首相、温室効果ガス排出 25％削減を誓約」

日本の鳩山由紀夫首相は火曜日、就任以来初の国連演説の中で、日本が温室効果ガス排出を 2020 年までに 1990 年比で 25％削減することを誓約した。　　　　　2009 年 9 月 24 日

訳出のポイント

- cut は誰でも知っている動詞ですが、「切る」という基本の意味から「削減する」「削除する」の意でも頻出です。また、今日のタイトルのように名詞として「削減」「削除」の意味にもなります。

- greenhouse gas「温室効果ガス」は「温暖化ガス」とも呼ばれます。オゾン、二酸化炭素、メタンなど大気圏中に存在し、地表から放射された赤外線の一部を吸収することで地球に温室効果をもたらす気体の総称です。近年、大気中の濃度を増しており、地球温暖化の主原因とされています。

- emission は動詞 emit「放射する」「排出する」の名詞形で「放射」「排出」。自動車などの「排気（ガス）」という意味でもよく使われる名詞です。そこで、greenhouse gas emissions で「温室効果ガス排出」ということです。

- take office は政治用語で「政権に就く」「政権をとる」「就任する」という表現。そこで、最後の部分 in his first U.N. speech since taking office は「就任して以来最初の国連演説の中で」となるわけです。

Date Krumm Wins Korea Open

Japan's Kimiko Date Krumm clinched her first WTA title in 13 years when she defeated Anabel Medina Garrigues from Spain in straight sets at the Korea Open on Sunday. Sep28,2009

• 👉 チェック! •
- **clinch**[klíntʃ] 勝利を決定する
- **defeat**[difí:t] 負かす、倒す

対訳

「クルム伊達、韓国オープン優勝」

日本のクルム伊達公子が日曜日、スペイン出身のアナベル・メディナ・ガリゲスをストレートで下し、韓国オープンで優勝。13年ぶりのWTAツアー優勝を飾った。

2009年9月28日

訳出のポイント

- clinch はもともと、打ち込んだクギの先を曲げて「固定する」という意味の動詞です。ここから「確定させる」「決着をつける」といった意味に使われるようになりました。英字新聞では、スポーツなどで「勝利を確定させる」→「勝利を決定的にする」という意味でしばしば登場する動詞です。そこで clinched her first WTA title in 13 years は、「13年で最初のWTAツアー優勝を決定的にした」ということです。

- WTA は Women's Tennis Association の略で「女子テニス協会」。米国に本部を置く女子プロテニスを統括する団体です。

- 動詞 defeat は「～を負かす」「～を打ち倒す」。defeat 人 in straight sets で「人をストレートセットで倒す」、すなわち相手に1セットも与えずに「ストレートで負かす」ということです。

- WTA 世界ランキングの自己最高4位を持つクルム伊達公子は、96年に現役を引退しましたが、昨年4月に12年ぶりに復帰を果たしています。今月28日に39歳になる伊達の韓国オープン優勝は、1983年に米国のビリー・ジーン・キングが記録した39歳7ヶ月に次いでWTA史上2番目の高年齢ツアー優勝だということです。

Apple's App Store Downloads Top 2 Billion

Apple Inc. announced on Monday that downloads from its App Store, passed two billion. The store offers more than 85,000 applications for the iPhone and iPod touch now. Sep30,2009

• 👉 チェック！ •
- □ **top** (= pass) 〜を超える
- □ **offer**[ɔ́:fər] 提供する

対訳

「アップルの App Store、ダウンロード件数が 20 億突破」

アップル社は月曜日、同社の App Store からのダウンロード件数が 20 億を超えたと発表した。現在 App Store では 8 万 5000 を超えるアプリケーションが iPhone や iPod touch に提供されている。

2009年9月30日

訳出のポイント

- top は「トップ」「頂上」「頂点」という意味の名詞、あるいは「トップの」「一番上の」という意味の形容詞としてよく知られている単語ですが、今日は動詞として登場しています。動詞の場合は、「～の頂上（頂点）にのぼる」「頂点にある」の意味、または「～を超える」「～を上回る」という意味になります。

- 今日の場合は Top 2 Billion で「20 億を超える」ということです。これは、本文では動詞 pass で置き換えられています。この pass の方も、「通過する」「過ぎる」「合格する」など色々な意味がありますが、ここでは「～を通り越す」→「～を超える」という意味です。

- application「アプリケーション」ですが、ときに app と略されます。つまり、App Store は Applications Store ということです。しかも、Apple に由来しているようにも解釈できるので、なかなかシャレたネーミングかもしれません。

石田健の『日々雑感』

好きな作家など

　僕は比較的本を読むほうだと思います。小説家で好きなのは、司馬遼太郎、山崎豊子、村上春樹、東野圭吾など。最近映画化やドラマ化で話題の山崎豊子で一番好きなのは、「二つの祖国」という中国残留孤児の問題を描いた作品です。「不毛地帯」はドラマより原作のほうが圧倒的に良いです。世界の仕組みが見えてきます。最良のビジネス書のひとつです。

　村上春樹はなんといっても「世界の終わりとハードボイルドワンダーランド」とか初期のもの。司馬遼太郎は僕の出身地、越後長岡が生んだ河井継之助を描いた「峠」。東野作品では「白夜行」、「幻夜」といった長編が好きです。

　大学時代に一時、哲学や文芸・映画批評にはまっていたことがあり、浅田彰、蓮見重彦、中沢新一、柄谷行人などはいまでも時々読み返しています。若い人は名前さえ聞いたことない、という方多いと思いますが (^^;

　また漫画も読みます。週刊「漫画ゴラク」は今でも買ってますし、連載されている「ミナミの帝王」、「白龍」は単行本も集めているほどのファンです。

October, 2009

2009 年 10 月

- Tsunami in South Pacific Islands Kills Many (Oct1, 国際)

- Rio to Stage 2016 Olympics (Oct5, スポーツ)

- Typhoon Hits Japan, Leaving 2 Dead, 59 Injured (Oct9, 日本)

- U.S. President Barack Obama Wins Nobel Peace Prize (Oct13, 文化)

- World's First "Veggie" Spider Discovered (Oct15, 科学)

- Dow Jones Passes 10,000 (Oct16, 経済)

- Elvis' Hair Sold for $18,300 (Oct20, 芸能)

- Sugaya Retrial Begins (Oct23, 日本)

- U.S. Declares New Flu 'National Emergency' (Oct26, 国際)

- Japanese Warship Collides with S. Korean Containership (Oct29, 日本)

- Michael Jackson Film Premieres Worldwide (Oct30, 芸能)

Tsunami in South Pacific Islands Kills Many

A tsunami triggered by a 8.3-magnitude subsea earthquake struck the Samoa Islands in the South Pacific on Tuesday, killing at least 100 people.

Oct1,2009

☞チェック!

- **South Pacific Islands**　南太平洋諸島
- **trigger**[trígər] 引き起こす
- **subsea earthquake**　海中地震
- **Samoa Islands**　サモア諸島

対訳

「南太平洋で津波、犠牲者多数」

火曜日にマグニチュード 8.3 の海中地震により津波が南太平洋のサモア諸島を襲い、少なくとも 100 人が死亡した。

2009年10月1日

訳出のポイント

- kill はご存知のように「殺す」という意味の動詞。
  そこで、タイトルの Tsunami in South Pacific Islands Kills Many は直訳すると「南太平洋での津波が多数を殺す」となります。このように英語では Tsunami「津波」、Typhoon「台風」、fire「火事」、airplane crash「飛行機事故」、bomb attack「爆弾攻撃」など無生物名詞を主語にして kill を用いるパターンが多用されます。つまり、日本語で「その台風で 15 人が犠牲になった」というところを、The Typhoon killed 15 people. のように表すわけです。[無生物主語 + kill + 犠牲者数] という形で「〜によって__人が亡くなった」と覚えておきましょう。

- trigger はもともと鉄砲の「引き金」を指す名詞です。ここから「〜の引き金を引く」という意味の動詞となり、「〜のきっかけとなる」「〜を引き起こす」「〜を誘発する」などの意味で使われています。そこで triggered by 〜で「〜によって引き起こされる」「〜に誘発される」という言い方になります。したがって、文頭の部分は a tsunami triggered by a 8.3-magnitude subsea earthquake「マグニチュード 8.3 の海中地震によって引き起こされた津波」ということです。

Rio to Stage 2016 Olympics

Brazil will be the first South American country to hold the Olympics after the International Olympic Committee chose Rio de Janeiro as the host city for the 2016 Games on Friday.   Oct5,2009

☞チェック!

- **stage**[stéidʒ] 主催する
- **International Olympic Committee** 国際オリンピック委員会

対訳

「2016年オリンピック開催地はリオ」

国際オリンピック委員会は金曜日に、2016年のオリンピック開催地にリオデジャネイロを選出し、ブラジルは南米初の五輪主催国となる。　　　　　2009年10月5日

訳出のポイント

- stage は通常「舞台」という意味の名詞で最もよく知られていますが、動詞だと「(舞台で) 〜を上演する」「〜を演出する」→「〜を主催する」という意味になります。つまり、本文で使われている hold「開催する」とほぼ同じニュアンスで使われる語となっています。
- また、host も同様に「主催する」という意味の動詞です。ただし、こちらは今日の本文では host city で「開催都市」＝「開催地」という言い方で登場しています。
- 「オリンピック」あるいは「オリンピック大会」は、英語では the Olympic Games あるいは the Olympics と複数形になります。というのは、ひとつではなくたくさんの競技・試合 (games) が行われ、その集合としての"オリンピック"なので、複数形で表されるわけです。例えば 1964年の「東京オリンピック」の場合でも Tokyo Olympics あるいは Tokyo Olympic Games となるので注意しましょう。

Typhoon Hits Japan, Leaving 2 Dead, 59 Injured

A powerful typhoon brought strong winds and heavy rain as it made landfall in mainland Japan for the first time in two years early Thursday, killing two, injuring 59 people, and affecting transportation across the nation. Oct9,2009

• 👉 チェック！ •

☐ **make landfall**　上陸する
☐ **mainland**[méinlænd] 本土
☐ **affect transportation**　交通機関に影響を与える

対訳

「台風が日本直撃、死者2人、負傷者59人」

強力な台風が木曜日未明に2年ぶりに日本本土に上陸し、強風と激しい雨をもたらした。死者が2人、負傷者は59人にのぼり、各地で交通機関に影響が出た。

2009年10月9日

訳出のポイント

- 今日は台風の話題。strong winds で文字通り「強風」ですが、通常は strong winds と複数形で使われるので注意しましょう。また、「大雨」「豪雨」「激しい雨」にあたる英語は heavy rain です。strong winds and heavy rain「強風と豪雨」のようにセットにして覚えておくといいですね。ちなみに、rain を snow に変えて strong winds and heavy snow「強風と大雪」ということもできます。

- landfall は「山崩れ」「地すべり」の意味もありますが、ここでは、台風などの「上陸」。make landfall で「(台風が)上陸する」という言い方になります。そこで、made landfall in mainland Japan で「日本本土に上陸した」ということです。

- affect は「〜に影響する」「〜に作用する」という意味の動詞。affect transportation で「交通(機関)に影響する」→「交通(機関)に影響が出る」という表現です。また、across the nation は「国(=日本)のいたる所で」→「各地で」ということです。

U.S. President Barack Obama Wins Nobel Peace Prize

The Nobel Committee announced on Friday that it awarded the 2009 Peace Prize to U.S. President Barack Obama, highlighting his efforts toward a world free of nuclear weapons.　　　　Oct13,2009

チェック!

- **award**[əwɔ́ːrd]［動詞］〜を授与する
- **highlight**[láilàit] 〜を強調する
- **nuclear weapon** 核兵器

✍ 対訳

「バラク・オバマ米大統領、ノーベル平和賞を受賞」

ノーベル賞委員会は金曜日、バラク・オバマ米大統領に2009年度ノーベル平和賞を授与することを発表し、同大統領による核兵器のない世界を目指す取り組みを強調した。

2009年10月13日

👍 訳出のポイント

- Academy Award「アカデミー賞」などのように、award は通常「賞」「賞品」という意味の名詞としてよく登場します。しかし、今日の場合は動詞で「～を与える」「～を授与する」という意味です。award ～ to…で「…に～を与える」という言い方になります。

- effort は「努力すること」「頑張ること」という意味の名詞。日本語だと「努力」「尽力」「骨折り」「頑張り」「奮闘」などと訳され、しばしば efforts と複数形ですので注意しましょう。また、英字新聞で登場する場合には、「取り組み」あるいは「試み」と訳すとしっくりくる場合が多い単語でもあります。そこで、efforts toward ～で「～に向けての努力」「～を目指す取り組み」ということです。

- 形容詞 free は「自由な」「無料の」などの意味でよく知られていますが、ここから「～の負担（束縛）のない」→「～に悩まされない」→「～のない」という意味にもなっています。とくに free of ～「～がない」という形で使われることが多いので覚えておくと便利です。したがって a world free of nuclear weapons で「核兵器のない世界」になります。

- 晴れやかな印象のオバマ米大統領のノーベル平和賞受賞のニュースですが、一方では、米国内を含めて方々から疑問の声が上がっています。オバマ大統領の「核兵器なき世界への構想」が評価されたということですが、なんといっても大統領就任からわずか9ヶ月での受賞です。

World's First "Veggie" Spider Discovered

An almost totally vegetarian spider was discovered in Central America, while all of the other known 40,000 spider species are thought to mainly dine on insects and the like.　　　　　　　　Oct15,2009

• ☝チェック! •

☐ **veggie**（=vegetarian） 菜食主義の
☐ **species**[spíːʃi(ː)z] 種、種類
☐ **dine on** 〜で食事をする
☐ **insect**[ínsekt] 昆虫

✎ 対訳

「世界初の"ベジタリアン"クモを発見」

世界で知られている4万種のクモはすべて、昆虫などを主な餌にしていると考えられる中、ほぼ完全に草食のクモが中米で発見された。　　　　　　　　　　2009年10月15日

👍 訳出のポイント

- veggie は vegetable「野菜」、あるいは vegetarian「菜食主義（の）」を意味する俗語です。今日のタイトルでは、veggie spider なので「菜食主義のクモ」です。ようするに、"肉食ではない草食のクモ" ということなので、herbivorous spider「草食のクモ」といえばいいのですが、あえて擬人的に「菜食主義のクモ」といっているわけです。そこで、対訳でもこのニュアンスを残して「"ベジタリアン" クモ」としています。

- dine はおなじみの名詞 dinner と語源を同じにする動詞「食事をする」です。dinner というと「夕食」の意味で知られていますが、本来の意味は「1日のうちで主要な食事」「正餐」です。ここから、一般的に1日で最も主要な食事である「夕食」という意味で使われるようになったわけです。ですから、例えば欧米ではクリスマスの日に家族・親戚などが集まって盛大な昼食をするのですが、これは Christmas dinner であって Christmas lunch とはいいません。同様に dine も「食事をする」ではありますが、「主要な食事をする」「正餐をする」という意味合いであり、そのあたりが eat とは異なります。また dine on ～というと、「特定の食物（通常は高級なもの・特別なもの）で食事をする」という意味になります。例えば…We dined on lobster and steak.「ロブスターとステーキの夕食を食べた」という具合です。

- like は「～に似ている」という意味の形容詞としてよく知られていますが、ここから「似たもの」「同類」「～のようなもの（人）」という意味の名詞でもあります。

Dow Jones Passes 10,000

Robust U.S. corporate earnings and better-than-expected retail sales boosted the Dow Jones Industrial Average above the 10,000 mark for the first time in a year on Wednesday.　　Oct16,2009

👆チェック!

- **robust**[roubást] 堅調な
- **corporate earning** 企業収益
- **better-than-expected** 予想を上回る
- **retail sales** 小売売上

対訳

「ダウ平均が1万ドル突破」

米国の堅調な企業業績と予想を上回る小売売上が追い風となり、ダウ工業株30種平均は水曜日、1年ぶりに1万ドルの大台を超えた。　　　　　　　　　　2009年10月16日

訳出のポイント

- タイトルの Dow Jones は本文の Dow Jones Industrial Average「ダウ・ジョーンズ工業株30種平均」の略です。これは、Wall Street Journal の発行元でもある米国の経済ニュース通信社ダウ・ジョーンズ社が算出する株価指数の中で、最もよく知られているもの。ニューヨーク証券取引所優良株の30種の平均となっています。この名称でスタートした1896年当時は鉱工業の銘柄でしたが、現在では情報通信業や金融、医薬品業なども含まれます。通常日本語では、「ダウ工業株平均」「ダウ平均」と略されます。

- boost は英字新聞頻出の動詞で、「押し上げる」「高める」の意。今日の場合は、boost 〜 above…という形になっていて、直訳すると「〜を…より上に押し上げる」です。つまり「米国の堅調な企業業績と予想を上回る小売売上が、ダウ平均を1万ドルより上に押し上げた」→「米国の堅調な企業業績と予想を上回る小売売上が追い風となって、ダウ平均は1万ドルを超えた」となります。above 10,000 mark の mark は「水準」という意味で、「1万ドル水準を超えて」→「1万ドルの大台を超えて」ということです。

Elvis' Hair Sold for $18,300

A clump of Elvis Presley's hair was sold for $18,300 at a Chicago auction house. It is believed to have been trimmed from the head of the King of Rock and Roll when he joined the Army in 1958 at the age of 23. Oct20,2009

> ☞ チェック！
> - **clump**[klʌ́mp] 塊、まとまり
> - **trim**[trím] 刈る→髪を切る

対訳

「エルビスの毛髪、1万8300ドルで落札」

シカゴの競売会社でエルビス・プレスリーの毛髪が1万8300ドル（約167万円）で落札された。この毛髪は、1958年に「ロックの王様」が23歳で陸軍に入隊した際に切り落とされたものとされる。　　　　2009年10月20日

訳出のポイント

- clump はもともと低木などがかたまって生えている「木立」「茂み」を意味する名詞です。ここから「群れ」「塊」という意味になります。a clump of ～で「ひとかたまりの～」「一群の～」という言い方。したがって、a clump of Elvis Presley's hair は直訳すると「ひとかたまりのエルビス・プレスリーの毛髪」ですが、日本語では単に「エルビス・プレスリーの毛髪」とする方が自然なので、対訳でもあえて a clump of は訳出しませんでした。

- 動詞 trim は、芝や生垣などを「刈り込む」「手入れする」という意味の動詞。ここから、「髪の毛を少しだけ切って形を整える」「髪の毛をそろえる」という意味でも使われます。そこで、trimmed from the head of the King of Rock and Roll は「ロックの王様（＝エルビス）の頭から切られた」ということになります。

- army は「軍隊」「軍」一般を指して使われる名詞でもありますが、とくに the Army となると「（一国の）陸軍」の意味になります。また join は「～に加わる」「～に参加する」という意味の動詞なので、join the Army で「陸軍に入隊する」ということです。今回のオークションではこの毛髪のほかにも、洋服やコンサートでステージからファンに投げられたスカーフ、1967年のエルビスの結婚式の写真などが次々と高額で落札されました。死後三十余年たっても「ロックの王様」の人気は衰えていないようです。

Sugaya Retrial Begins

Toshikazu Sugaya, a 63-year-old Japanese man who spent 17 years in prison after apparently being wrongfully convicted for murdering a four-year-old girl in 1990, pleaded not guilty as his retrial began on Wednesday. Oct23,2009

☝チェック！

- **retrial**[rìtráiəl] 再審
- （be）**wrongfully convicted** 冤罪を被る
- **plead not guilty** 無罪を主張する

対訳

「菅家さんの再審始まる」

1990年の4歳女児殺害事件で冤罪と思われる判決を受け、17年間服役していた63歳の日本人男性、菅家利和さんが、水曜日に始まった再審で無罪を主張した。

2009年10月23日

訳出のポイント

- prison は「刑務所」「監獄」なので、spent 17 years in prison で「刑務所で17年間過ごした」→「17年間服役した」ということです。(be) in prison は「服役中で」という言い方ですが、prison の代わりに jail を使って in jail といっても同じ意味になります。

- wrongfully は「間違った」「不適切な」という意味の形容詞 wrong から派生した副詞で、「悪く」「不適切に」「不当に」という意味。また convict は裁判関係のニュースでは頻出で「〜に有罪判決を下す」という意味の動詞です。そこで、(be) wrongfully convicted は「不当に有罪判決を下された」→「冤罪を被った」ということです。

- apparently も英字新聞では頻出の副詞で「見たところ〜のようだ」「どうやら〜らしい」という意味になります。したがって apparently being wrongfully convicted…の部分は「冤罪判決を受けたらしい」→「冤罪と思われる判決を受けた」ということ。

- plead は「嘆願する」「訴える」「申し立てる」という意味の動詞。裁判用語として plead guilty「有罪（罪状）を認める」、および plead not guilty「有罪を認めない」→「罪状を否認する」「無罪を主張する」という形はよく登場するので、このまま覚えておきたい表現です。

161

U.S. Declares New Flu 'National Emergency'

U.S. president Barack Obama declared H1N1 swine flu a national emergency as the virus has become widespread in 46 of the 50 states, and killed more than 1,000 people. Oct26,2009

チェック!

- **declare**[dikléər] 宣言する
- **national emergency** 国家非常事態
- **widespread**[wáidspréd] 蔓延する

✍ 対訳

「米国、新型インフルで『国家非常事態』」

H1N1型インフルエンザが米国50州のうち46州で蔓延し、1,000人を超える死者が出ていることを受け、バラク・オバマ米大統領は国家非常事態を宣言した。

2009年10月26日

👍 訳出のポイント

- 現在世界で流行中のH1N1型インフルエンザ。このインフルエンザは、もともとブタの間で流行していたウイルスが人間に感染したもの。ここから、日本の報道でも初期には「豚インフルエンザ」と呼ばれていましたが、今では「新型インフルエンザ」という言い方が定着していますね(正式には「2009年新型インフルエンザ」というようです)。これに相当する英語は new influenza (= new flu)。ただし、英語圏ではいまでも swine influenza (flu)「豚インフルエンザ」が一般的に使われているので注意しましょう。今日の本文でも H1N1 swine flu となっていますが、「豚インフルエンザ」と訳すとかえってわかりにくいので、対訳では単に「H1N1型インフルエンザ」としています。

- declare は「宣言する」「言明する」という意味の動詞。英字新聞ではとくに、国家や公人などが正式に「〜を宣言する」「〜を布告(公表)する」という意味で頻出の単語です。通常は、declare that 〜という形で that 節をとり、「〜だと宣言する」という使い方がよくされますが、今日の場合は declare A B と目的語をふたつ取って「AをBであると宣言する」という言い方になっています。そこで、declared H1N1 swine flu a national emergency で「H1N1型インフルエンザを国家非常事態であると宣言した」→「H1N1型インフルエンザに関して国家非常事態宣言をした」となります。

Japanese Warship Collides with S. Korean Containership

Japanese Maritime Self-Defense Force destroyer escort Kurama collided with a South Korean containership in the Kanmon Strait off southern Japan Tuesday evening, causing a fire on the warship.

Oct29,2009

• 👉 チェック！ •
- **warship**[wɔ́ːrʃip] 軍艦
- **collide with** ～と衝突する
- **containership**[kəntéinərʃip] コンテナ船
- **destroyer escort** 護衛艦
- **strait**[stréit] 海峡

✍ 対訳

「日本の海自護衛艦、韓国のコンテナ船と衝突」

火曜日夜に日本南部沖の関門海峡で、日本海上自衛隊の護衛艦『くらま』が韓国のコンテナ船と衝突し、『くらま』は炎上した。

2009年10月29日

👍 訳出のポイント

- collide は「ぶつかる」「衝突する」という意味の動詞です。"動いている物（あるいは人）が激しくぶつかる"ときに使われ、"衝撃"を感じさせる語感を伴う動詞です。通常 collide with ～「～と衝突する」という形で用いられます。

- Self-Defense Force は日本の「自衛隊」。Maritime Self-Defense Force で「海上自衛隊」です。

- strait の語源は「厳密な」「狭い」という意味のラテン語 strictum で、「海峡」「瀬戸」という意味の名詞になっています。実は日本語の「海峡」にあたる英語は、この strait の他にもうひとつあるので注意しましょう。それは channel という語で、こちらの方は strait よりも広い海峡を意味し、通常は二つの海を結ぶものを指します。例えば、イギリスとフランスを隔てている海峡全体のことは the English Channel「イギリス海峡」（あるいは「英仏海峡」）といいますが、その北端の最狭部を the Strait of Dover「ドーバー海峡」といいます。

- cause は「～を引き起こす」「～を招く」「～の原因となる」という意味の動詞。通常は災いなどよくないことを「引き起こす」場合に使われる語です。そこで文末の causing a fire on the warship は「その軍艦（＝くらま）の上で火災を引き起こした」→「くらまが炎上した」ということになります。

Michael Jackson Film Premieres Worldwide

Michael Jackson's concert documentary film, This Is It, premiered simultaneously in 19 cities across the world, winning early praise from critics and fans.

Oct30,2009

• 👉 チェック！ •
- □ **premiere**[primíər] 初公開される
- □ **simultaneously**[sàiməltéiniəsli] 同時に
- □ **win praise**　賞賛を得る
- □ **critics**[krítiks] 批評家、評論家

✍ 対訳

「マイケル・ジャクソンの映画、世界中で公開」

マイケル・ジャクソンのコンサートのドキュメンタリー映画『This Is It』が世界各地の 19 都市で同時に公開され、早速評論家らやファンの賞賛を得ている。

2009年10月30日

👍 訳出のポイント

- premiere はもともとフランス語で「初演」の意。ここから、英語でも演劇・オペラ・映画などの「初演」「初日」「封切り」という意味の名詞になっています。最近では日本語でも「プレミア」といわれるようになってきました。今日は、この単語が動詞「初演される」「封切られる」として使われています。

- simultaneous は「同時の」「同時に起こる」という意味の形容詞で、simultaneously はその副詞形。したがって premiered simultaneously in 19 cities across the world で「世界各地の 19 都市で同時に公開された」ということです。across the world は「世界中で」「世界各地で」という言い方ですが、今日のタイトルで使われている worldwide で言い換えることも可能です。

- praise は「賞賛」「ほめること」という意味の名詞。win praise from 〜で「〜から賞賛・評価を得る」という表現になります。ここでは win early praise from critics and fans なので「評論家やファンから早い賞賛を得る」→「早速評論家らやファンから賞賛を得る」ということです。

- 19 都市の一つ、東京・六本木ヒルズで行われたプレミアでも、ライオネル・リッチーなどが出席してかなり盛り上がったようです。

167

石田健の『日々雑感』

影響を受けた映画

僕は映画を観るのが大好きです。最近は DVD で観る機会のほうが多いのですが、DVD は借りるのではなく、ほとんど買ってます。アマゾンでは中古になると、借りるより買ったほうが安いようなケースが意外と多いです。

大学時代はゴダール（仏）、フェリーニ（伊）、ヴェンダース（独）、タルコフスキー（露）、黒澤明、伊丹十三など、監督色が濃いものをよく見てました。ここで僕なりの映画文法のようなものを身につけました。

とりわけゴダールの「マリア」とヴェンダースの「パリ・テキサス」、ほとんど入手不能な「夢の涯てまでも」などからはかなり影響を受けています。

最近では、「マトリックス」「キャッチミーイフユーキャン」といった「変身」「偽装」「転身」をテーマにしたものが好きです。

また「呪怨」など、ホラー映画もよく観ます。最近は、週末、自宅で DVD というケースが多いです。

November, 2009
2009 年 11 月

- CIT Group Files for Bankruptcy （Nov4, 経済）
- Toyota Pulls out of Formula One （Nov6, スポーツ）
- Yankees Win 27th World Series, Matsui Named MVP （Nov9, スポーツ）
- South Korean Woman Passes Paper Test for Driver's License- After 950 Attempts （Nov10, 社会）
- N, S Korean Warship Skirmish in Yellow Sea （Nov11, 国際）
- Japanese Police Arrest Suspect in Murder of British Woman （Nov12, 日本）
- Obama Visits Japan （Nov16, 国際）
- Earth on Course for 6C Warming （Nov19, 科学）
- Johnny Depp Named Sexiest Man Alive 2009 （Nov20, 芸能）
- Japanese Hostage in Yemen Released （Nov25, 日本）
- Tiger Woods Gets Minor Injuries in Car Accident （Nov30, スポーツ）

CIT Group Files for Bankruptcy

Major U.S. moneylender CIT Group Inc. filed for Chapter 11 bankruptcy protection on Sunday after suffering from the global financial crisis.

Nov4,2009

• ☝チェック！•
- ☐ **file for bankruptcy**　破産申告をする
- ☐ **moneylender**[mʌ́nilèndər] 金融業者→ノンバンク
- ☐ **Chapter 11 bankruptcy protection**　米連邦破産法 11 条
- ☐ **suffer from**　〜に苦しむ

🖋 対訳

「CIT グループが破産申告」

世界的金融危機で苦しんでいた米ノンバンク大手の CIT グループが日曜日に米連邦破産法 11 条の適用を申請した。

2009年11月4日

👍 訳出のポイント

- 今日は久しぶりに「破産」bankruptcy の話題です。まずは file for bankruptcy「破産申告をする」という頻出重要表現を再確認しておきましょう。

- 続いてこちらも英字新聞では時々登場している Chapter 11。日本の民事再生法に相当する米国の法律で、「米連邦破産法 11 条」を指します。ここから一般的に「破産」「破産手続き」の意味で使われます。ですから、file for bankruptcy と file for Chapter 11 は全く同じ意味になります。

- lender は「貸す」という意味の動詞 lend に「〜する人」の意味の接尾辞 -er がついたもので「貸す人」。そこで moneylender で「金を貸す人」→「金融業者」ということです。今日の場合は、いわゆる「ノンバンク」nonbank と呼ばれる銀行以外のお金を貸す業務をしている企業のことを指しています。

- suffer は苦痛・損害などよくないことを「経験する」、それによって「苦しむ」「悩まされる」という意味の動詞です。通常 suffer from 〜「〜に苦しむ」「〜に悩まされる」という形で使われます。

Toyota Pulls out of Formula One

The world's largest car manufacturer Toyota has announced its withdrawal from Formula One motor racing after being hard-hit by the global economic crisis. Nov6,2009

☞チェック!

- ☐ **pull out** 撤退する
- ☐ **withdrawal**[wiðdrɔ́ːl] 撤退
- ☐ **hard-hit** 大きな打撃を受けた

対訳

「トヨタが F1 から撤退」

世界的経済危機で大きな打撃を受けた世界第 1 位の自動車メーカーのトヨタが、自動車レースのフォーミュラ・ワンからの撤退を発表した。　　　　　2009年11月6日

訳出のポイント

- pull out は直訳すると「引き抜く」「引き出す」という意味の句動詞。ここから、「手を引く」→「撤退する」「退却する」の意味でもよく使われる表現となっています。pull out of ~ で「~から撤退する」となります。同じ意味の動詞として withdraw があり、こちらは withdraw from ~ で「~から撤退する」です。今日の本文では、この withdraw の名詞形 withdrawal 「撤退」を用いて withdrawal from Formula One motor racing で「自動車レースのフォーミュラ・ワンからの撤退」となっています。

- hard-hit は (be) hit hard 「大きな打撃（被害・痛手）を受ける」という言い方が逆転して形容詞化したもので、「大きな打撃を受けた」「被害が大きかった」という意味です。そこで、being hard-hit by the global economic crisis で「世界的経済危機によって大きな打撃を受けた」となります。

- トヨタは 2002 年から、技術向上と欧州でのイメージアップなどを目指して F1 に参戦してきましたが、世界不況の打撃で 2 年連続の赤字が見込まれる中、年間数百億円の経費負担を継続するのは困難との判断です。トヨタが 2009 年限りで撤退すると、F1 から日本チームが消えることになります。

Yankees Win 27th World Series, Matsui Named MVP

The New York Yankees won the 27th World Series title, defeating the Philadelphia Phillies 4-2, and Hideki Matsui became the first Japanese to be named Most Valuable Player. Nov9,2009

• 👆チェック！•
- □（be) named　～に選ばれる
- □**Most Valuable Player**（**MVP**）　最優秀選手

✍ 対訳

「ワールドシリーズ：ヤンキース 27 度目の優勝、松井が MVP」

ニューヨーク・ヤンキースがフィラデルフィア・フィリーズを 4 勝 2 敗で下し、27 回目のワールドシリーズ優勝を果たし、松井秀喜選手が日本人としては初めてシリーズ最優秀選手に選ばれた。　　　　　　　　2009年11月9日

👍 訳出のポイント

- 「名前」という意味で誰でも知っている名詞 name。動詞だと「名づける」「名前をあげる」という意味になります。ここから「指名する」「任命する」→「選ぶ」という場合にも使われます。とくに、受動態 (be) named ~ という形で「~に選ばれる」となります。そこで、文末の to be named Most Valuable Player は「最優秀選手に選ばれる」ということです。

  タイトルでは Matsui Named MVP となっていますが、これは Matsui (is) Named MVP と be 動詞が省略された形です。defeat は敵・相手を「負かす」「倒す」「破る」という意味の動詞。同じような意味で使うもう一つの動詞 beat とあわせて確認しておきましょう。

- ヤンキースが優勝を決めたシリーズ第 6 戦。5 番指名打者で出場した松井選手は 2 回に先制 2 ラン本塁打を放ちました。その後も 2 点適時打、2 点適時二塁打と続き、49 年ぶりのシリーズタイ記録となる 1 試合 6 打点を上げての、堂々の MVP 獲得です。ちなみに「打点」は英語で runs batted in といい、通常 RBI と略されます。また、この RBI の発音が "リビー" になることから、ribby あるいは ribbie ともいわれます。

South Korean Woman Passes Paper Test for Driver's License-After 950 Attempts

A 68-year-old woman in South Korea has passed the paper test for a driver's license after 950 attempts and spending more than 5 million won ($4,200) on application fees. Nov10,2009

• 👆 チェック！ •

☐ **paper test**　筆記試験
☐ **attempt**[ətémpt] 試み
☐ **application fee**　申込料→受験料

✍ 対訳

「韓国女性、950回目で運転免許筆記試験に合格」

68歳の韓国の女性が、受験料に500万ウォン（4200ドル、約38万円）以上を費やした末に、950回目の挑戦で運転免許の筆記試験に合格した。　　　　2009年11月10日

👍 訳出のポイント

- paper test は直訳すると「紙の試験」で、「筆記試験」の意味です。同じく written test でも「筆記試験」の意味になります。

- 「運転免許」は、米国では driver's license ですが、英国では driving licence が一般的です。英国では、名詞は licence 動詞は license のように異なるスペルを用いるのが普通なので注意しましょう。

- attempt は「試み」「企て」「努力」という意味の名詞。日本語でいうと「挑戦」にあたるようなニュアンスで使われることも多い語です。after 950 attempts は「950回の試み（＝挑戦）の後で」→「950回挑戦して」→「950回目の挑戦で」ということです。

- application は、最近はとくにコンピュータの「アプリケーション」という意味でよく使われていますが、もともとは「申し込み」「申請」「出願」などの意味の名詞です。そこで application fee は「申込料」「出願料」。今日の場合は運転免許筆記試験を受けるための「申込」→「受験料」ということです。

- この女性は野菜の行商のために運転免許が必要で、2005年4月13日からほとんど毎日のように筆記試験を受け続けたということです。4年以上かけて筆記試験に合格したわけですが、次は実技試験 practical test が待っています。

N, S Korean Warship Skirmish in Yellow Sea

A South Korean warship exchanged gunfire with a North Korean naval vessel in the Yellow Sea for the first time in seven years on Tuesday.　　Nov11,2009

☞チェック！

- **skirmish**[skə́:rmiʃ] 小競り合いをする
- **Yellow Sea**　黄海
- **exchange gunfire**　撃ち合う、銃火を交える
- **naval vessel**　海軍艦艇

📝 対訳

「南北艦艇、黄海で小競り合い」

火曜日、韓国と北朝鮮の海軍艦艇が7年ぶりに黄海で銃火を交えた。
2009年11月11日

👍 訳出のポイント

- skirmish は名詞で「小競り合い」「小戦闘」、動詞で「小競り合いをする」です。
- exchange は「交換する」「やりとりをする」という意味の動詞で、gunfire は「発砲」「砲火」「砲撃」。そこで、exchange gunfire は「砲火を交換する」→「撃ち合う」「銃火を交える」という表現になります。exchange gunfire with ～で「～と撃ち合いをする」「～と銃火を交える」ということです。
- naval は名詞 navy「海軍」の形容詞形で「海軍の」、vessel は「船」「船舶」という意味の名詞なので、naval vessel で「海軍艦艇」。warship は、より広義で「軍艦」ですが、今日の場合は naval vessel と同じ意味で使われています。
- 韓国軍は、北朝鮮の偵察艇が北方限界線 northern limit line を越えたため、口頭警告の後で警告射撃し、同艇が南下を続けたので発砲した、と説明しています。一方の北朝鮮は、警備艇は通常通りの警戒にあたっていたところ、韓国軍の方が挑発を仕掛けてきた、と韓国軍に謝罪要求をしていると報道されています。
- 黄海はワタリガニの好漁場で、南北双方に加えて中国漁船も操業しており、両国の艦艇が警戒にあたることが多い海域ということ。ここでは、1999年と2002年にも南北間の交戦がありました。

Japanese Police Arrest Suspect in Murder of British Woman

A Japanese murder suspect who managed to elude police for two years and seven months and altered his appearance through cosmetic surgery was arrested Tuesday in connection with the slaying of British language teacher Lindsay Ann Hawker in 2007.　　　　　　　　　　　Nov12,2009

• ☛チェック！ •

☐ **murder suspect**　殺人容疑者
☐ **elude**[ilúːd] 逃れる
☐ **alter one's appearance**　外見（容姿、風貌）を変える
☐ **cosmetic surgery**　美容整形、整形手術
☐ **slay**[sléi] 殺害する

📝 対訳

「日本の警察、英国女性殺害の容疑者を逮捕」

2年7ヶ月にわたり警察の手を逃れ、整形手術で外見を変えていた日本の殺人容疑者が火曜日、2007年の英国人語学教師リンゼイ・アン・ホーカーさん殺害事件との関連で逮捕された。　　　　　　　　　　　　　2009年11月12日

👉 訳出のポイント

- suspect は通常「〜を疑う」「〜を疑わしく思う」という意味の動詞としてよく登場しますが、今日の場合は名詞で「容疑者」「被疑者」です。よって murder suspect で「殺人容疑者」となります。

- 動詞 manage は「経営する」「管理する」という意味でよく知られていますが、「何とかやり遂げる」の意味も重要です。manage to 〜で「何とか〜する」「かろうじて〜する」という言い方になります。

- elude は「〜を逃れる」「〜を避ける」という意味の動詞で、"巧みに身をかわす" といったニュアンスが伴う語です。そこで、manage to elude police は「警察を何とか避ける」→「警察の手を逃れる」ということになります。

- 動詞 alter は「変える」「改ざんする」「修正する」という意味。日常的には衣服の丈をつめるなど「仕立て直す」の意味にも使う動詞です。

- appearance は動詞 appear「現れる」「〜のように見える」の名詞形で「出現」「登場」あるいは「外観」「外見」の意。ここでは、alter one's appearance で「〜の外見を変える」となっています。altered his appearance through cosmetic surgery で「整形手術を通じて外見を変えた」→「整形手術で外見を変えた」ということです。

- in connection with 〜は「〜と関連して」「〜との関連で」という表現。英字新聞でも頻出です。再確認をしておきましょう。

Obama Visits Japan

U.S. President Barack Obama expressed his firm intention to establish closer ties with Asia while emphasizing the solid alliance with Japan during his visit to Tokyo.　　　　　　　　　Nov16,2009

• ☝チェック！•

☐ **firm intention**　強い意向
☐ **establish closer ties**　より緊密な関係を確立する
☐ **emphasize**[émfəsàiz] 強調する
☐ **solid alliance**　揺るぎない同盟

対訳

「オバマ米大統領が来日」

東京を訪問中のバラク・オバマ米大統領は、日本との揺るぎない同盟を強調する一方で、アジアとのより緊密な関係を確立しようという強い意向を表明した。

2009年11月16日

訳出のポイント

- intention は動詞 intend「(〜する) つもりである」「〜を意図する」の名詞形で、「意図」「意志」「意向」の意。firm intention で「固い意志」「強い意向」ということです。

- 動詞 express は「〜を表現する」「〜を表明する」。また、express one's intention to 〜で「〜するという意志・意向を表明する」という言い方です。そこで、expressed his firm intention 〜で「〜するという強い意向を表明した」ということです。

- ties は「つながり」「関係」「結合」という意味の名詞。また、closer は「近い」「緊密な」という意味の形容詞 close の比較級で「より緊密な」。そこで establish closer ties で「より緊密な関係を確立する」という言い方になります。

- solid はもともと「固体」「固形物」という意味の名詞で、「固体の」「固形の」という意味の形容詞にもなっています。また、「固体の」→「固い」→「確かな」「揺るぎない」といった意味合いでもよく使われる語となっています。ということで、solid alliance は「揺るぎない同盟」となります。

Earth on Course for 6C Warming

Average temperatures across the world are on a path to rise by catastrophic 6 degrees C by the end of the century without taking urgent action to cut CO_2 emissions, a major new study suggests.

Nov 19, 2009

☝チェック!

- **average temperature**　平均気温
- **catastrophic**[kætəstráfik]　壊滅的な、破局の
- **C**（= Celsius, centigrade）　摂氏
- **urgent action**　早急な対策
- **CO_2 emissions**　二酸化炭素排出

対訳

「地球、6度気温上昇へ向かう」

二酸化炭素排出を削減するために早急に対策を講じなければ、今世紀終わりまでに世界中の平均気温は、摂氏6度上昇という壊滅的な道をたどる。新たな大規模研究が示唆した。
2009年11月19日

訳出のポイント

- course は「道」「方向」という意味の名詞。on course for ~で「~への道にある」「~の方向へ進んでいる」という言い方になります。これは本文の on a path to ~もほぼ同意で、「~する道にある」「~する方向へ進んでいる」ということです。

- タイトルの C は Celsius あるいは centigrade の略で、「摂氏」です。Celsius は摂氏温度計を発明した18世紀のスウェーデンの天文学者 Anders Celsius の苗字をとったもの。

  centigrade は centi-(100)+ grade(等級)という成り立ちの語で「百分度」→「摂氏度」ということです。そして、本文のように温度は正式には 6 degrees C と示されます(degree は「度」にあたる語です)。ちなみに、温度表示のもうひとつの単位に「華氏」があり、こちらは Fahrenheit で 10 degrees F (= Fahrenheit) のように表します。想像がつくと思いますが、Fahrenheit も華氏温度計を作ったドイツの物理学者の苗字です。

- urgent action は直訳すると「急を要する行動」→「緊急活動」「緊急対策」「早急な対処」ということ。take action が「行動を起こす」「対策(対応)を取る」という意味の句動詞なので、これらが組み合わさった take urgent action は「緊急対策を取る」となります。without taking urgent action to…の部分は直訳すると「~するために早急に対策を講じることなしで」→「~するために早急に対策を講じなければ」ということです。

Johnny Depp Named Sexiest Man Alive 2009

Actor Johnny Depp was named the U.S. magazine People's "sexiest man alive" for the second time on Wednesday. He is the third man to gain this honor twice, joining George Clooney and Brad Pitt.

Nov20,2009

• 👆チェック！•
- □ **name**[néim] ［動詞］指名する→選ぶ
- □ **gain**[géin] 得る、獲得する
- □ **honor**[ánər] 名誉、名声、栄誉

対訳

「ジョニー・デップが 2009 年度の『最もセクシーな男性』」

俳優のジョニー・デップが水曜日に、2 度目となる米雑誌ピープルの『最もセクシーな男性』に選ばれた。この名誉を 2 度獲得するのは、ジョージ・クルーニー、ブラッド・ピットに続いて 3 人目である。　　　　2009年11月20日

訳出のポイント

- alive は「生きている」「生存中の」という意味の形容詞。そこで sexiest man alive は直訳すると「生存している最もセクシーな男性」です。つまり、sexiest man in the world「世界で最もセクシーな男性」、あるいは sexiest man on the earth (globe, planet)「地球上で最もセクシーな男性」と同じ意味で使われています。

- for the first time「初めて」という言い方はおなじみだと思いますが、これは初めてのときに限らず、first の部分にあらゆる序数を用いて応用することができます。つまり for the _th time で「〜度目に」「〜度目で」ということです。今日の場合は for the second time で「2 度目に」となっています。

- honor は「名誉」「光栄」という意味の名詞ですが、最初の h は発音しないので注意してください。また、英国では honour とスペルが異なることも確認しておきましょう。ここでは、this honor「この名誉」は being named the U.S. magazine People's "sexiest man alive"「米雑誌ピープルの『最もセクシーな男性』に選ばれること」を意味し、to gain this honor twice「この名誉を 2 回獲得する」=「『最もセクシーな男性』に 2 度選ばれる」ということです。

187

Japanese Hostage in Yemen Released

Takeo Mashimo, a Japanese engineer kidnapped by armed tribesmen near the Yemeni capital Sanaa was freed Monday evening after nine days in captivity.

Nov25,2009

• ☝チェック！ •

- **hostage**[hástidʒ] 人質
- **kidnap**[kídnæp] 誘拐する
- **tribesman**[tráibzmən] 部族民
- **in captivity** 監禁されて

対訳

「イエメンの日本人人質が解放」

イエメンの首都サヌア付近で武装した部族民によって誘拐された日本人技師の真下武男さんが、9日間監禁された後、月曜日の夜に解放された。　　　　2009年11月25日

訳出のポイント

- タイトルの Release、本文の free はともに「自由にする」「解放する」の意味で使われる動詞。どちらも、今日のように人質の解放、あるいは囚人などの釈放のニュースでよく登場する単語です。

- tribesman は tribe「部族」+ man「男」で、「部族の一員」「部族民」ということ。ここでは tribesmen と複数形で「部族民たち」。また armed は「武器を持った」「武装した」という意味の形容詞です。よって、armed tribesmen で「武装した部族民（たち）」。

- captivity は「捕獲する」「捕らえる」という意味の動詞 capture の名詞形で「捕らわれること」「監禁」の意味。in captivity で「捕らえられて」「監禁されて」「監禁状態で」という表現です。そこで、after nine days in captivity は「監禁状態での9日間の後で」→「9日間監禁された後で」ということになります。

Tiger Woods Gets Minor Injuries in Car Accident

World number one golfer Tiger Woods was released from the hospital after receiving treatment following a car accident near his residence in Florida early Friday.　　　　　　　　　　　Nov30,2009

● ☞チェック！ ●
- ☐ **minor car accident**　軽い自動車事故
- ☐ **(be) released from the hospital**　退院する
- ☐ **treatment**[trí:tmənt] 治療
- ☐ **residence**[rézidəns] 住居、家

✍ 対訳

「タイガー・ウッズが自動車事故で軽傷」

世界ランキング1位のゴルフ選手タイガー・ウッズが金曜日未明にフロリダ州の自宅付近で自動車事故を起こし、病院で手当てを受けた後で退院した。　　　　2009年11月30日

👍 訳出のポイント

- minor は major と対になる単語で、「小さい」「少ない」「大したことのない」という意味の名詞です。病気やけが、あるいは危険などの程度が「大したことのない」→「深刻でない」「命にかかわらない」という意味でもしばしば使われ、minor injury で「小さなけが」→「軽傷」ということです。
- release は、先日も人質を「解放する」の意味で登場しましたが、「自由にする」「解放する」という意味の動詞。そこから (be) released from hospital は「病院から解放される」→「退院する」という表現になります。
- treatment は「処理」「扱い」「処置」「待遇」といった意味の名詞。medical treatment で「医学的処置」→「治療」「手当て」の意味になり、単に treatment でも同じ意味で使われます。したがって after receiving treatment は「治療（手当て）を受けた後で」ということです。
- residence は「住宅」「家」という意味の名詞で、基本的には house や home と同じ意味で使われるのですが、より重々しく形式ばった語となっています。場合によっては相手に対して敬語的に用いたり、「邸宅」「屋敷」といった規模の大きい立派な家というニュアンスで使ったりすることもあります。今日の記事の場合はタイガー・ウッズの mansion「大邸宅」を指していますから、後者の意味合いだと考えましょう。ちなみに、日本語の「マンション」は和製英語で、英語で mansion というと、部屋が10も20もあるような「大邸宅」「豪邸」を指します。

石田健の『日々雑感』

僕が好きな海外旅行先 (1) バリ

僕は年に3、4回、家族で南国のリゾートに行きます。バリへは社員旅行含め、これまで4回行ってます。

バリはヒンドゥー教が根強く、ショッピングをしていると突然、ガムラン音楽をかき鳴らす宗教の団体に遭遇したり、ホテルでは朝、要所要所にお供えをしているのを見たり、その宗教的な文化の厚さに驚かされます。

ウブドへ行けば、絵画のエリア、彫刻のエリア、仏像のエリアと分かれていて、子どもたちが真剣な顔をして絵を描いているのを見ると、この国は経済的な発展よりも、もっと宗教的なもの、精神的なものに人生の価値を置いているのだなと思います。

バリで滞在するのはヌサドゥアやジンバランベイのリゾート。大人でゆったりと過ごしたいならジンバランのフォーシーズンズ、家族で子どもたちと楽しみたいならヌサドゥアのグランドハイアットがお薦めです！

ヌサドゥアにはバリゴルフクラブという比較的手入れの行き届いているゴルフ場があり、ゴルフをするにも便利！

December, 2009
2009 年 12 月

- Susan Boyle's Debut Album Makes UK Chart History (Dec1, 芸能)

- Director Michael Moore Warns Japan "Not to Follow U.S." (Dec2, 芸能)

- Ryo Ishikawa Becomes World's Youngest Money List Winner (Dec7, スポーツ)

- Youth Give Bed-in Protest on John Lennon Anniversary (Dec10, 社会)

- Thailand Seizes North Korea's Arms on Cargo Plane (Dec15, 国際)

- Hideki Matsui Reaches Agreement with Angels (Dec16, スポーツ)

- Japan to Put off Decision on Relocating Futenma U.S. Air Station (Dec17, 日本)

- If You look Young for Your Age, You Will Live Longer (Dec18, 社会)

- Barcelona Wins the Club World Cup (Dec21, スポーツ)

- Russian Soyuz Spacecraft Blasts off to ISS (Dec22, 科学)

Susan Boyle's Debut Album Makes UK Chart History

Susan Boyle's "I Dreamed a Dream" became the fastest selling debut album in British history, storming to the top of the charts with more than 410,000 copies sold in the first week.　Dec1,2009

チェック!

- ☐ **make history**　歴史を塗り替える
- ☐ **(hit) chart**　〔音楽〕ヒットチャート
- ☐ **storm to the top**　トップ（1位）に駆け上がる

✍ 対訳

「スーザン・ボイルのデビューアルバム、英国チャート史を塗り替える」

スーザン・ボイルさんの『夢やぶれて(原題:I Dreamed a Dream)』が、発売第1週に41万枚以上を売り上げて英国ヒットチャートの1位に駆け上がり、デビューアルバムの最速セールス記録を塗り替えた。　　　　　2009年12月1日

👍 訳出のポイント

- make history は直訳すると「歴史を作る」ですが、ようするに「歴史に残るような重大なことをする」「歴史を塗り替える」という表現です。history の前に様々な名詞を加えることで、「~の歴史に残ることをする」「~史を塗り替える」という言い方に応用できます。例えば、make motion picture history「映画の歴史を作る」という具合です。したがって、タイトルの Makes UK Chart History は「英国チャート史を塗り替える」になります。
- storm は「嵐」「荒天」という意味の名詞で知られていますが、動詞としても使われます。その場合は「嵐が吹く」→「(嵐のように)急襲する」「勢いよく突入する」といった意味になります。そこで storm to the top は「(嵐のような勢いで)トップに駆け上がる」。storming to the top of the charts で「ヒットチャートの1位に駆け上がる」ということになります。
- 日本語では、アルバム、CD、DVD などは「__枚」と数えますが、英語だと copy を使います。また、本の「__冊」にあたるのも copy (copies) になるので、あわせて確認しておきましょう。よって with more than 410,000 copies sold in the first week の部分は「(発売)第1週に41万枚以上が売れて」ということです。
- スーザン・ボイルさんは、英国のオーディション番組で美声が話題となり、YouTube に投稿された動画は世界中で3億回以上視聴されたといいます。

Director Michael Moore Warns Japan "Not to Follow U.S."

U.S. documentary filmmaker Michael Moore visited Japan for the first time to promote his new movie "Capitalism: A Love Story," urging the world's second largest economy not to follow the same path taken by the U.S. in a news conference at the Tokyo Stock Exchange on Monday. Dec2,2009

• ☞チェック！ •
- □ **promote**[prəmóut] 宣伝する
- □ **capitalism**[kǽpətəlizm] 資本主義
- □ **follow the path** 道を歩む
- □ **Tokyo Stock Exchange** 東京証券取引所

✏️ 対訳

「『米国の二の舞にはなるな』マイケル・ムーア監督が日本に警告」

米ドキュメンタリー映画の監督、マイケル・ムーアが新作の『キャピタリズム マネーは踊る』の宣伝のために初来日し、月曜日に東京証券取引所での記者会見で、世界第二の経済大国である日本に対して、米国がたどったのと同じ道を歩まないように呼びかけた。　2009年12月2日

👍 訳出のポイント

- follow は「～に続く」「～の後についていく」という意味の動詞で、「～に従う」「追随する」といった意味でも使われます。そこで、タイトル中の Not to Follow U.S. は「米国に追随するな」→「米国のようにはなるな」「米国の二の舞にはなるな」といったニュアンスになります。

- warn 人 not to ～で「人に～しないように警告する」ですから、タイトルは直訳すると「マイケル・ムーア監督が日本に『米国のまねをしない』ように警告した」ということです。

- 動詞 urge も同じように、urge 人 not to ～という形で「人に～しないように呼びかける（促す・勧める）」となります。また follow the path が「道を歩む」という表現なので、follow the same path taken by the U.S. は「米国によってたどられた同じ道を歩む」→「米国がたどったのと同じ道を歩む」ということです。したがって urging the world's second largest economy not to follow the same path taken by the U.S. の部分は「世界第二の経済大国に米国がたどったのと同じ道を歩まないように呼びかける」となります。そして the world's second largest economy とは日本のことを言い換えたものなので、対訳では「世界第二の経済大国である日本に対して…」としているわけです。

Ryo Ishikawa Becomes World's Youngest Money List Winner

18-year-old Ryo Ishikawa became the youngest money title winner on the Japanese circuit and any major professional tour in the world, after finishing tied 19th in the season-ending Nippon Series JT Cup on Sunday. Dec7,2009

・☞チェック！

☐ **money list（title）winner** 賞金王
☐ **finish tied** タイ（同順位）で終わる

✍ 対訳

「石川遼、世界最年少の賞金王に」

18歳の石川遼が日曜日に、今季最終戦の日本シリーズJTカップを19位タイで終え、日本および世界の主要プロツアーにおける最年少賞金王となった。　　2009年12月7日

👍 訳出のポイント

- money list, money title ともに money は prize money「賞金」のことを指しています。money list は「賞金の（順位）一覧表」→「賞金ランキング」の意味で、money list winner で「賞金ランキングの優勝者」→「賞金王」ということです。本文の money title winner も同様に、「賞金タイトルの勝者」→「賞金王」です。
- circuit は日本語の「サーキット」の語源となった語で、もともとは「回ること」の意で、「周囲」「円周」あるいは「回路」「回線」といった意味で使われています。また、公演、興行などの「巡回」「巡業」という意味でも用いられ、この場合 tour と同じ意味になります。そこで、on the Japanese circuit は「日本ツアーで」ということです。
- 日本語でも「タイになる」といいますが、tie は「～と同点（同記録・同位）になる」という意味の動詞。その過去分詞が形容詞化した tied は「同点（同記録・同位）の」の意味になります。そこで、finish tied _th で「__位タイで終わる」という言い方。
- season-ending は文字通り「シーズンを終わらせる」「シーズンを締めくくる」→「今季最終の」ということです。
- 今回石川遼は18歳で賞金王となり、日本ツアーでは1973年に26歳で賞金王となった尾崎将司選手の最年少記録を大幅に更新。世界主要ツアーでも、欧州ツアーでのセベ・バレステロス選手（スペイン）らの19歳を更新する "世界最年少" 記録となりました。

199

Youth Give Bed-in Protest on John Lennon Anniversary

A score of youths from around the world pulled on their pj's at the COP15 conference center, to perform their version of "bed-in" protest, singing a rendition of Give Peace a Chance with lyrics that reflected their climate concerns on Wednesday, the 29th anniversary of John Lennon's assassination.

Dec 10, 2009

チェック！

- a score of youths　大勢の若者
- pull on　身につける
- pj's（= pajamas）　パジャマ
- rendition[rendíʃən] 演奏
- lyrics[líriks] 歌詞
- climate concerns　気候に対する懸念
- assassination[əsæsənéiʃən] 暗殺

✍ 対訳

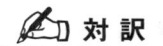

「ジョン・レノンの命日に若者が『ベッド・イン』で抗議行動」

29年前に暗殺されたジョン・レノン命日の水曜日、COP15会議場で世界各国から集まった大勢の若者たちがパジャマを着て、気候問題に対する懸念を反映させた歌詞に替えた『平和を我等に』を歌い、『ベッド・イン』スタイルの抗議行動をとった。　　　2009年12月10日

👍 訳出のポイント

- score は「得点」「成績」「スコア」という意味でよく知られている名詞ですが、「多数」という意味でも使われます。通常 a score of 〜あるいは scores of 〜という形で「多数の〜」となります。そこで、本文の頭の部分 a score of youths from around the world は「世界各国からの多数の若者たち」→「世界各国から集まった大勢の若者たち」となります。

- pj's は pajamas の略語。日本語では「パジャマ」ですが、英語では通常複数形の pajamas が用いられます。もともとは、ゆるいズボンを意味するヒンディー語でしたが、それがヨーロッパに持ち込まれてから、上着を加えて寝巻きとして着用されるようになったといわれています。

- 動詞 render は「変える」「表現する」「演奏する」あるいは「演出する」「解釈する」「翻訳する」などの意味で使われる動詞。rendition はこの名詞形で、ここでは「演奏」という意味です。しかし、そこには単なる「演奏」というよりは、オリジナルではない、異なるスタイルやバージョンの、あるいは別の人による"演奏"というニュアンスが含まれます。

201

Thailand Seizes North Korea's Arms on Cargo Plane

Thai authorities seized more than 35 tons of weapons from a cargo plane that flew from North Korea after the aircraft landed at a Bangkok airport to refuel.

Dec 15, 2009

☝チェック！

- **seize**[síːz] 押収する
- **arm**（= weapon） 武器、兵器
- **cargo plane** 貨物機
- **refuel**[riːfjúːəl] 給油する

対訳

「タイで、貨物機に積まれた北朝鮮製武器を押収」

タイ当局が、北朝鮮から飛び立ち給油のためにバンコクの空港に着陸した貨物機から、35トンを超える武器を押収した。
2009年12月15日

訳出のポイント

- 動詞 seize は、英字新聞では主に2つの意味で頻出です。ひとつは、犯人などを「捕らえる」「逮捕する」。そして、もうひとつは、物件・財産などを「押収する」「没収する」「差し押さえる」。今日の場合は、2つ目の意味になっています。

- 「腕」という意味で知られる名詞 arm が「武器」「兵器」の意味にもなることは、英字新聞でもおなじみのはずです。したがってタイトルでは arms のところが、本文では weapons で言い換えられていますが、どちらも「武器」ということです。

- authorities も英字新聞頻出の重要単語ですが、久しぶりの登場なので復習しておきましょう。もともと authority は「権威」「権力」「権限」という意味の名詞です。それが、authorities と複数形で、これらを持つ機関を指し、日本語でいうと「当局」にあたる言い方になります。

- fuel は名詞で「燃料」、動詞で「燃料を得る」という意味です。そこで、動詞 fuel の前に「再び」の意の接頭辞 re- がついた refuel は「燃料を再び得る」→「燃料の補給を受ける」「給油する」ということです。

- この貨物機はグルジア籍の旧ソ連製で、北朝鮮からウクライナへ戻る途中で、パキスタンか中東、旧ソ連地域のいずれかで積み荷を降ろす予定だったようで、積み荷は「石油掘削機器」と申告されていたそうです。1年ぶりに米朝対話に乗り出したように見えた北朝鮮でしたが裏ではひそかに武器取引を行っていたことがうかがわれる今日の話題です。

203

Hideki Matsui Reaches Agreement with Angels

World Series MVP Hideki Matsui reportedly agreed to a one-year contract with the Los Angeles Angels, ending his seven-year stint with the New York Yankees.　　　　　　　　　　Dec16,2009

● 🫵 チェック！ ●
- □ **reportedly**[ripɔ́ːrtidli] 報道によれば
- □ **stint**[stínt]（仕事・活動などに従事していた）期間

対訳

「松井秀喜、エンゼルスと合意」

ワールドシリーズで MVP に輝いた松井秀喜選手が、ニューヨーク・ヤンキースでプレイした7年間に終止符を打ち、ロサンゼルス・エンゼルスと1年契約で合意した、と報じられた。
2009年12月16日

訳出のポイント

- reportedly は「報じられているところでは」「報道によれば」という意味の副詞。これは新聞用語といってもよい単語です。通常ならば It is reported that 〜 あるいは According to reports 〜 というべきところを、単語数を極力少なくするために新聞ではこの reportedly を用いるのが一般的です。例えば、「報道によると彼は生きている」は、It is reported that he is alive. あるいは According to reports, he is alive. というところを He is reportedly alive. といえば非常に簡潔になるわけです。

- agree は「同意する」という意味でおなじみの動詞。agree to 〜 with…という形で「〜について…と同意する」という言い方になります。そこで agreed to a one-year contract with the Los Angeles Angels の部分は、「1年契約についてロサンゼルス・エンゼルスと合意した」→「ロサンゼルス・エンゼルスと1年契約で同意した」ということです。よって文末の ending his seven-year stint with the New York Yankees は「ヤンキースでの7年間の活動期間を終わりにする」→「ヤンキースでプレイした7年間に終止符を打つ」ということになります。

- 報道によると、この1年契約の年俸は約650万ドル(約5億7000万円)で、ヤンキースでの今季の推定1300万ドル(約11億4000万円)からほぼ半減だそうです。

Japan to Put off Decision on Relocating Futenma U.S. Air Station

Japan's ruling coalition said on Tuesday it will put off a decision on relocating the U.S. Marines' Futenma Air Station on Okinawa until next year, a delay that could fan U.S. mistrust and raise tension between Tokyo and Washington.　　　Dec17,2009

• 🖒チェック！•
- ☐ **put off** 先送りする
- ☐ **relocate**[rìloukéit] 移転する（させる）
- ☐ **air station** 航空基地、飛行場
- ☐ **ruling coalition** 連立与党、連立政権
- ☐ **fan mistrust** 不信感を強める
- ☐ **raise tension** 緊張を高める

対訳

「日本、普天間飛行場移設に関する決定を先送り」

日本の連立政権は火曜日、沖縄の米軍普天間飛行場の移設に関する決定を来年に先送りすると伝えた。この先送りによって、米国の不信感を強め、日米間の緊張が高まる可能性もある。
2009年12月17日

訳出のポイント

- put off は「延期する」「先送りする」という意味の句動詞です。意味的には動詞 postpone や delay とほぼ同じですが、よりくだけた言い方になっています。通常 put off ～ until（till）…という形で「～を…まで延期（先送り）する」という表現です。

- decision は「決定する」「決断する」という意味の動詞 decide の名詞形で「決定」「決断」。動詞、名詞いずれも前置詞 on をとって decide on ～「～について決定する」、decision on ～「～についての決定」となることも確認しておきましょう。これらから、put off a decision on relocating the U.S. Marines' Futenma Air Station on Okinawa until next year の部分は、「沖縄の米軍普天間飛行場を移転させることについての決定を来年まで先送りにする」ということです。

- fan はもともと「うちわ」「扇」という意味の名詞で、ここから「扇風機」「送風機」「ファン」などの意味にも使われます。そして、動詞で「～をあおぐ」「風を送る」→「～をあおる」「～をかきたてる」「～を扇動する」の意味にもなります。ここでは fan U.S. mistrust で「米国の不信感をかきたてる」→「米国の不信感を強める」ということです。ちなみに I am a big fan of Michael Jackson. 「私はマイケル・ジャクソンの大ファンだ」のように使う fan「ファン」はスペル・発音とも同じですが、異なる単語です。こちらは fanatic「熱狂的愛好者」が省略されて fan となった語なので注意しましょう。

207

If You Look Young for Your Age, You Will Live Longer

People blessed with youthful looks are more likely to live longer than those who look older than their ages, according to a new study by Danish researchers.

Dec 18, 2009

☞チェック！

- (be) blessed with　〜の恩恵を受けている、〜を享受している
- youthful[júːθfl] 若々しい

✍ 対訳

「見た目年齢が若い人は長生き？」

デンマークの研究者らの新研究によると、若々しい外見を享受している人たちは、年齢よりも老けて見える人たちよりも長生きする可能性が高いという。　2009年12月18日

👍 訳出のポイント

- look young for your age は「年齢にしては若く見える」→「実際の年齢よりも若く見える」という意味で、look younger than your age と同じことです。

- 動詞 bless の語源は「いけにえの血で清める」という意味の古英語 bledsian です。ここから、主に（キリスト教）聖職者が（人や物に）「神の加護を祈る」「（十字を切って）祝福する」の意味で使われる単語となっています。(be) blessed with ～で「～について祝福を受ける」→「～の恩恵を受ける」「～を享受している」という言い方になります。

- youthful は youth「若さ」という意味の名詞の後ろに「～に満ちた」という意味の形容詞を作る接尾辞 -ful がついたもので、「若さに満ちた」→「若々しい」ということ。

- likely は「ありがちな」「～しそうな」という意味の形容詞で、(be) likely to ～「～しそうである」という形で頻出です。今日の場合は、比較級の more が加わって (be) more likely to ～で「より～しそうである」→「～する可能性が高い」「～する傾向が強い」という表現になっています。those who ～は people who ～と同じ意味で、「～する人たち」ということです。したがって、those who look older than their ages は「年齢よりも老けて見える人たち」です。この研究は、70歳以上の双子約1800人を被験者にして、年齢よりも若く見えるかどうかと、7年後の生存状況の関連性を調べたものです。すると7年後に亡くなっていた675人では、年齢よりも老けて見られた人が圧倒的に多かったということです。

Barcelona Wins the Club World Cup

Spain's Barcelona won the Club World Cup on Saturday with a 2-1 extra-time victory over Estudiantes of Argentina, when Lionel Messi chested the winner. Dec21,2009

• ☞チェック！•

□ **extra-time victory** 〔サッカー〕延長（の末の）勝利

□ **chest the winner** 〔サッカー〕胸で押し込んで決勝点を決める

📝 対訳

「サッカー：クラブ・ワールド杯、バルセロナが優勝」

サッカーのクラブ・ワールド・カップは土曜日、スペインのバルセロナが延長戦の末に 2-1 でアルゼンチンのエストゥディアンテスを下して優勝を飾った。決勝ゴールはリオネル・メッシが胸で押し込んで決めた。　2009年12月21日

👍 訳出のポイント

- extra time はスポーツの試合の「延長時間」です。そして、このように複数の単語からなる名詞を形容詞として用いるときには、通常 extra-time のように間にハイフンを入れます。extra-time victory で「延長（の末の）勝利」ということです。victory の代わりに win あるいは triumph を用いても同じ意味になります。また、「〜に対する勝利」という場合は前置詞 over を取ることにも注意しましょう。したがって、a 2-1 extra-time victory over Estudiantes は「エストゥディアンテスに対する延長の末の 2-1 での勝利」ということです。
- chest は「胸」という意味の名詞ですが、サッカー用語では動詞で「（ボールを）胸で処理する」「胸で受ける」という意味になります。
- winner も動詞 win に接尾辞 -er がついたもので通常は「勝利者」「成功者」あるいは「当選者」の意味で使われる名詞ですが、サッカー用語だと「決勝ゴール」「決勝点」になります。そこで、chested the winner は「胸でボールを処理して決勝点を決めた」→「決勝点を胸で押し込んだ」ということになります。
- 22 歳のメッシは 2009 年世界最優秀選手賞バロンドールを受賞したバルセロナの FW。クラブ W 杯でも大活躍で、決勝戦でもみごとに決勝ゴールを決めてバルサをクラブ史上初の世界一に導きました。

Russian Soyuz Spacecraft Blasts off to ISS

A Russian Soyuz spacecraft with three astronauts, including Japan's Soichi Noguchi, lifted off from the Baikonur cosmodrome in Kazakhstan early Monday to reach the International Space Station.

Dec22,2009

• ☝チェック！ •

☐ **spacecraft**[spéiskræft] 宇宙船
☐ **blast off**　発射される→飛び立つ
☐ **astronaut**[ǽstrənɔ̀:t] 宇宙飛行士
☐ **cosmodrome**　宇宙基地

✍ 対訳

「ロシア宇宙船ソユーズ、国際宇宙ステーションへ出発」

日本人の野口聡一さんを含む 3 人の宇宙飛行士を乗せたロシアの宇宙船ソユーズが、国際宇宙ステーションを目指して、月曜日未明にカザフスタンのバイコヌール宇宙基地から打ち上げられた。　　　　　　　　　2009年12月22日

👍 訳出のポイント

- blast はもともと「激しい風」「突風」という意味の名詞です。ここから、「爆破する」とか「破壊する」、あるいは笛などを「大きな音で鳴らす」という意味の動詞にもなっています。blast off は「吹き飛ばす」→「爆破する」という意味の句動詞ですが、今日のようにロケットが「発射される」「打ち上げられる」→「飛び立つ」という意味にも使われます。意味的には本文で使われている lift off と同じなので、あわせて覚えておきましょう。
- 「宇宙飛行士」は astronaut ですが、実はこれは主に米国宇宙飛行士を指す語で、もともとはロシアの宇宙飛行士は cosmonaut と呼んでいました。今でも英文ニュースでは、ロシアの宇宙飛行士であることをはっきりいいたいときには、この cosmonaut が使われます。
- 同様に、cosmodrome は cosmo-「宇宙」と drome (=airdrome「飛行場」) が組み合わされた単語で、「宇宙基地」。とくに、ロシアの宇宙船打ち上げ基地を指して用いる語となっています。
- カザフスタン共和国にある Baikonur cosmodrome「バイコヌール宇宙基地」は、旧ソ連時代を含めてロシア有人宇宙船の打ち上げすべてに使われている宇宙基地です。実際にはバイコヌールから 500 キロ離れたチュラタム Tyuratam にあるのに、基地の正確な位置を隠すためにバイコヌール宇宙基地と名付けられたのは有名な話です。

213

石田健の『日々雑感』

僕が好きな海外旅行先（2）
ハワイ〜マウイ島

2010年の正月に初めてマウイ島に行きました。ホノルルのオアフ、火山の島、ハワイ島は行ったことがあり、いまひとつ魅力を感じられなかったんですが、マウイ島へ行ってその考えが180度変わりました。

ホテルのバルコニーから鯨の親子が泳いでいるのが見えたり、海でシュノーケリングをしていると海がめが出迎えてくれるんです。YOUTUBEでsangomaniaと検索してください。

僕が撮影した海がめが泳ぐシーンを見ることができます。水中デジカメの動画モードを使って撮影。一瞬、僕の顔が映ります。シュノーケリングをしていると、ほぼ毎回、海がめと遭遇できました。

滞在したリゾート地域（カアナパリエリア）は、欧米の富裕層が開発されたところで、高級コンドミニアムがゴルフ場を取り囲み、治安も非常に良く、しかも日本人がいません！ホテルにも日本語ができるスタッフがいないので、英語をマスターするにはもってこいです！

January, 2010

2010 年 1 月

- ¥300 Million-worth of Watches Stolen in Tokyo （Jan4, 日本）

- World's Tallest Skyscraper Opens in Dubai （Jan6, 国際）

- Cellphone Radiation May Prevent Alzheimer's （Jan8, 科学）

- China Becomes World's Largest Exporter （Jan12, 経済）

- Tens of Thousands Feared Dead in Haiti Earthquake （Jan15, 国際）

- DPJ'S Ichiro Ozawa 'Won't Quit,' Despite Arrest of Three Aides （Jan18, 日本）

- Japan Airlines to File for Bankruptcy Protection （Jan20, 日本）

- Death Toll from Haiti Earthquake Reaches 150,000 （Jan26, 国際）

- Avatar Beats Titanic as Top-grossing Movie Ever （Jan28, 文化）

- Apple Unveils iPad （Jan29, 社会）

¥300 Million-worth of Watches Stolen in Tokyo

Thieves bored a hole in the concrete wall of a jewelry store in Tokyo's Ginza district and stole about 200 upmarket watches worth around 300 million yen (3.2 million dollars), police said on Saturday.

Jan4,2010

✋チェック!

- **thief**[θíːf] 泥棒、窃盗犯 (**thieves**= 複数形)
- **worth**[wə́ːrθ] 〜の価値がある、〜に相当する
- **bore a hole** 穴をあける
- **upmarket watch** 高級腕時計

✎ 対訳

「東京で 3 億円相当の腕時計が盗まれる」

東京の銀座地区にある宝石店でコンクリートの壁に穴があけられ、およそ 3 億円（320 万ドル）相当の高級腕時計約 200 点が盗まれた。土曜日に警察が伝えた。

2010年1月4日

👍 訳出のポイント

- worth は名詞だと「価値」、形容詞だと「～の価値がある」「～に相当する」という意味になります。そこで、タイトルの ¥300 Million-worth of Watches は「3 億円相当の腕時計」です。
  一方、本文の方は watches (that are) worth around 300 million yen と考えましょう。「およそ 3 億円の価値がある腕時計」→「およそ 3 億円相当の腕時計」ということです。

- bore は I am bored.「退屈だ」のように、「(人を) 退屈させる」という意味の動詞として登場することが多いのですが、今日の場合は同音同スペルですが異なる語源の異なる意味の動詞です。こちらの bore は「(穴を) あける」「(トンネル・井戸などを) 掘る」という意味の動詞なので注意しましょう。そこで、bored a hole in the concrete wall で「コンクリートの壁に穴をあける」ということです。

- upmarket は up「上の」と market「市場」が組み合わさってできた形容詞で、商品・サービスなどが「上流階級向けの」→「高級な」という意味。同義語として upscale や high-end もよく使われるのであわせて覚えておきましょう。

- 今日の文の主語は thieves「窃盗犯ら」なので、直訳すると「(複数の) 窃盗犯が東京の銀座地区にある宝石店のコンクリートの壁に穴をあけ、およそ 3 億円（320 万ドル）相当の高級腕時計約 200 点を盗んだ」となります。

217

World's Tallest Skyscraper Opens in Dubai

The tallest building in the world, rising 2,717 feet (828 meters) out of the desert in Dubai, was opened on Monday with an impressive fireworks ceremony.

Jan6,2010

☝チェック！

- **skyscraper**[skáiskrèipər] （超）高層ビル
- **desert**[dézərt] 砂漠
- **impressive**[imprésiv] 見事な
- **fireworks**[fáiərwə̀ːrks] 花火

🖋 対訳

「ドバイ、世界一の高層ビルがオープン」

ドバイの砂漠にそびえ立つ、高さ 2,717 フィート（828 メートル）の世界一高いビルが月曜日、見事な花火をともなう式典でオープンを迎えた。　　　　　2010年1月6日

👍 訳出のポイント

- skyscraper は sky「空」と scraper が組み合わさってできた単語。scraper は動詞 scrape「こする」に人・物を表す接尾辞 -er がついたもので、「こするもの」の意です。そこで、skyscraper は「空をこするもの」→「空をこするほど高いもの」→「天に届くほど高いもの」→「超高層ビル」「摩天楼」ということです。動詞 rise は「上がる」や「起立する」といった意味で知られていますが、山や断崖あるいは今日のように建築物などが「そびえ立つ」ときにも使われるので注意しましょう。そこで、カンマにはさまれた rising 2,717 feet (828 meters) out of the desert in Dubai の部分は「ドバイの砂漠から 2717 フィート（828 メートル）上にそびえ立つ」ということです。

- desert「砂漠」という単語は、「デザート」「甘いもの」を意味する dessert と混乱しやすいので気をつけてください。s がひとつだと「砂漠」で、ふたつ重なると「デザート」です。また発音についても、desert はアクセントを前に、dessert はアクセントを後ろに置くという違いをチェックし、しっかり区別するようにしましょう。

- firework は「花火」という意味の名詞ですが、通常は fireworks と複数形で用いられます。ちなみに、中国などで旧暦新年に派手に鳴らされる「爆竹」は firecracker といいます。

- an impressive fireworks ceremony は直訳すると「見事な花火の式典」。ここでは、a(n) (opening) ceremony with impressive fireworks「見事な花火をともなう（完成）式典」の意味になっています。

Cellphone Radiation May Prevent Alzheimer's

A study by researchers at the University of South Florida using mice suggests that long-term exposure to mobile phone radiation may help protect brain from Alzheimer's disease.　　　　　　Jan8,2010

・👉チェック！・

☐ **cellphone（mobile phone）radiation**　携帯電話の電磁波
☐ **Alzheimer's（disease）**　アルツハイマー病
☐ **long-term exposure**　長期的に浴びること、さらされること

✍ 対訳

「携帯電話の電磁波がアルツハイマー病を予防？」

南フロリダ大学の研究チームによるマウスを使った研究で、携帯電話の電磁波を長期的に浴びることは、脳をアルツハイマー病から守るという可能性が示唆された。

2010年1月8日

👍 訳出のポイント

- 「携帯電話」は米国では cellular phone が一般的で、日常的には cellphone と呼ばれます。これに対して英豪では mobile phone の方が一般的に用いられるので、どちらも使えるようにしておきましょう。

- radiation は「放射」「放射線」という意味の名詞ですが、日本語の「電磁波」にあたる言葉としてもよく使われます。そこで、cellphone (mobile phone) radiation で「携帯電話の電磁波」ということです。

- 「アルツハイマー病」は Alzheimer's desease ですが、日本語でも「アルツハイマー」といわれるのと同様に Alzheimer's だけで使われることも多くなっています。

- exposure は「〜を浴びる」「〜にさらされる」という意味の動詞 expose の名詞形で「浴びること」「さらされること」→「被ばく」の意味です。exposure to 〜で「〜を浴びること」「〜にさらされること」になります。そして long-term は「長期にわたる」「長期的な」という表現なので、long-term exposure to mobile phone radiation で「長期的に携帯電話の電磁波にさらされること」です。

- 今回の研究では、96匹のマウスに米国の携帯電話と同程度の電磁波を1日2回それぞれ1時間ずつ照射しました。その結果、長期間にわたって携帯電話の電磁波を照射した場合、高齢のマウスで患者の特徴である β アミロイドの蓄積が解消し、記憶力が向上したといいます。また、記憶障害の兆候が全く出ていない若いマウスでは、数ヶ月の照射によって予防効果がみられました。

China Becomes World's Largest Exporter

China's exports surged 17.7% in December, suggesting that the communist country will overtake Germany as the world's largest exporter in 2009.

Jan12,2010

・☝チェック!・

- □ **exporter**[ikspɔ́:tər] 輸出国
- □ **surge**[sə́:rdʒ] 急増する
- □ **communist country** 共産主義国
- □ **overtake**[òuvərtéik] 〜を追い越す

対訳

「中国、世界一の輸出国へ」

中国の 12 月輸出額が 17.7％増加し、共産主義国中国がドイツを追い越して、2009 年の世界最大輸出国となる見込みとなった。
2010年 1 月12日

訳出のポイント

- export が「輸出する」という意味の動詞で、exporter は「輸出する人」→「輸出業者（社）」という意味の名詞。ここでは、国単位の話なので、exporter =「輸出国」ということです。基本的な単語なので、import「輸入する」および importer「輸入国」とあわせて確認しておきましょう。

- surge は、increase や rise のように「増加する」「増大する」という意味の動詞ですが、"急に増える" "とてつもなく増加する" というニュアンスをともなう語です。今日の場合は、（前年同月比）17.7％増という大幅な増加ということで surge が用いられているわけです。

- the communist country「その共産主義国」はもちろん China「中国」を言い換えたものです。このように英文記事では、国名などを繰り返して使わず、2 度目にはそれを説明する表現で置き換える手法がよくとられます。suggest は「〜を示唆する」「〜を暗示する」という意味の動詞。したがって、今日の文を直訳すると「中国の 12 月輸出額が 17.7％増加し、（このことから）共産主義国中国がドイツを追い越して 2009 年の世界最大輸出国となることが示唆される」となります。対訳では、「〜することが示唆される」→「〜する見込みである」と訳しています。

- 中国の輸出額の増加は 1 年 2 ヶ月ぶりのこと。世界経済の底入れ感も強まる中、中国の輸出に回復の兆しが現れてきたといえます。

223

Tens of Thousands Feared Dead in Haiti Earthquake

Tens of thousands are feared dead and many people are believed to be still buried alive under the rubble after a catastrophic earthquake of magnitude 7.0 hit Haiti on Tuesday.　　　　　　Jan15,2010

チェック!

- □ **(be) feared dead** 死亡したとみられる
- □ **(be) buried alive** 生き埋めになる
- □ **rubble**[rʌ́bl] 瓦礫(がれき)
- □ **catastrophic**[kæ̀təstráfik] 壊滅的な

対訳

「ハイチ地震、死者は数万人か」

火曜日にハイチを襲ったマグニチュード7.0の壊滅的な地震で、死者は数万人にのぼり、多くの人が瓦礫の下で生き埋めになったままだと思われる。　　　　2010年1月15日

訳出のポイント

- fear は名詞で「恐れ」「懸念」「不安」、動詞で「～を恐れる」「～を懸念する」の意味。そこで、(be) feared dead は「死亡したと懸念される」「死亡したと思われる」という言い方です。

- また (be) believed to ~ は「～だと信じられる」→「～だと思われる」。bury は「埋める」という意味の動詞で、bury alive だと「生き埋めにする」。(be) buried alive under the rubble は「瓦礫の下で生き埋めになる」という言い方です。地震など災害関連のニュースでしばしば登場する表現なので確認しておきましょう。

- Haiti「ハイチ」は中央アメリカの西インド諸島にある国。1804年に独立した世界初の黒人による共和国国家ですが、独立後から現在に至るまで内戦などの混乱が続いています、そのハイチで1月12日午後4時過ぎ(現地時間)に発生したマグニチュード7.0の地震。首都ポルトープランスでは政府施設を含む多くの建物が倒壊し、多くの犠牲者が出ていると思われますが、いまだ情報不足で被害の全容は伝わってこない状況です。

DPJ'S Ichiro Ozawa 'Won't Quit,' Despite Arrest of Three Aides

Secretary general of the ruling Democratic Party, Ichiro Ozawa, viewed by many as Japan's most influential political figure, said Saturday that he would not resign despite the growing scandal over political funding and the arrest of three aides.

Jan18,2010

• ☞ チェック！ •

- **aide**[éid] 側近
- **influential**[influénʃl] 影響力のある
- **political figure**（大物）政治家
- **political funding** 政治資金

✎ 対訳

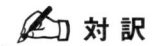

「日本民主党の小沢一郎幹事長、側近3人逮捕後も『続投』」

日本で最も影響力を持つ政治家とみなされる与党民主党の幹事長の小沢一郎氏は土曜日に、政治資金をめぐるスキャンダルの拡大と側近3人の逮捕にもかかわらず、辞任の意思がないことを伝えた。　　　　　　　　2010年1月18日

👍 訳出のポイント

- DPJ は Democratic Party of Japan の略で「日本民主党」。「自民党」Liberal Democratic Party（LDP）とあわせて確認しておきましょう。
- タイトルの quit は「辞める」「辞任する」という意味の頻出重要動詞。同意で使われている本文の resign とともに、しっかり押さえておいてください。
- secretary general は通常「事務局長」「事務総長」を表す言葉です。例えば、Secretary General of the United Nations だと「国連事務総長」になります。今日の場合は民主党の secretary general で「幹事長」です。ruling party は「支配する政党」→「与党」で、英字新聞でも頻出重要表現なので opposition party「反対政党」→「野党」とペアにして再確認しておきましょう。また、the ruling Democratic Party で「与党の民主党」ということです。カンマに囲まれた viewed by many as Japan's most influential political figure の部分は、直前の Ichiro Ozawa を説明する記述です。view 〜（as…）は「〜を（…と）みなす」という意味の動詞なので、直訳すると「多くの人から日本の最も影響力のある政治家とみなされる」になります。ただし、日本語にする場合は by many は訳す必要はなく「〜とみなされる」「〜とみなされている」とするのが通例です。view のほかにも see や consider を用いて seen（considered）by many as…で「（多くの人から）…とみなされる」という言い方がされます。

227

Japan Airlines to File for Bankruptcy Protection

Japan Airlines Corp. is set to file for bankruptcy protection with about ¥2 trillion ($16.5 bn) debt Tuesday afternoon. It will remain in the skies under the supervision of a state-backed turnaround organization.　　　　　　　　　Jan20,2010

• ☝チェック！•
- **debt**[dét] 負債
- **under the supervision of** ～の監督（管理）下で
- **state-backed** 国が支援（後押し）する
- **turnaround organization**〔企業〕再生支援機構

対訳

「日航、会社更生法申請へ」

日本航空は火曜日午後、約2兆円（160億5000万ドル）の負債を抱えて、会社更生法の適用を申請する見込み。日航は、国が後押しする再生支援機構の管理下で運航を続ける。　　　　　　　　　　　　　　　2010年1月20日

訳出のポイント

- 一連の日航関連のニュースです。file for bankruptcy protection「会社更生法の適用を申請する」という言い方、復習しておきましょう。

- set to ～は「～することになっている」「～することが決まっている」のように、すでに予定・決断がはっきりしている未来の事柄について言及する言い方です。remain in the skies は直訳すると「空にとどまる」。ここは、主語が"日本航空"ですから、「日本航空が空にとどまる」→「日本航空が運航を続ける」ということです。

- supervision は「監督」「管理」という意味の名詞。under the supervision of ～で「～の監督（管理）下で」という表現です。state-backed の state は country あるいは nation と同意の「国」。back は名詞「背中」や、形容詞「後ろにある」のほかに、「支援（応援・後押し）する」という意味の動詞でもありますから、state-backed で「国に支援（後押し）された」→「国が支援（後押し）する」という意味の形容詞となります。

- turnaround はもともと「方向転換」「逆転」という意味の名詞。そして、通常はいい方向への「転換」「逆転」を意味します。ここから「企業などの赤字や経営不振を逆転させること」→「再建」という意味で使われるようになっています。turnaround specialist「赤字再建の専門家」、turnaround plan「再建計画」といった具合に使われます。ここでは、turnaround organization で「再建支援機構」になっています。

Death Toll from Haiti Earthquake Reaches 150,000

The death toll from Haiti's devastating earthquake has topped 150,000 in the Port-au-Prince metropolitan area alone as the search for survivors officially ended and the focus shifted to aid.

Jan 26, 2010

☞ チェック!

- **death toll** 死亡者数
- **devastating**[dévəstèitiŋ] 壊滅的な
- **top**[táp] [動詞] 〜を超える
- **metropolitan area** 都市圏、首都圏

📝 対訳

「ハイチ地震、死亡者数が15万人に達する」

生存者の捜索が公式には打ち切られ、焦点は支援へと移る中で、壊滅的なハイチ地震による死亡者は、首都ポルトープランス圏だけで15万人を超えた。　　2010年1月26日

👍 訳出のポイント

- toll は「電話料金」「通行料金」など「料金」や「代償」「犠牲」などといった意味の名詞。death toll は英字新聞では頻出重要表現で、「死亡者数」「犠牲者数」です。
- devastate は「破壊する」「壊滅させる」という意味の動詞で、その現在分詞が形容詞化した devastating は「破壊的な」「壊滅的な」。災害などの被害の大きさ・悲惨さを強調する際によく使われる単語となっています。devastating earthquake で「壊滅的な（被害をもたらす）地震」ということです。
- top は「頂上」「トップ」という意味の名詞でおなじみですが、「～の頂上にある」→「～を超える」「～を上回る」という意味の動詞としても使われるので注意しましょう。
- officially は「公式に」「正式に」「表向きには」という意味の副詞。the search for survivors officially ended で「生存者の捜索が公式には打ち切られた」となります。
- shift は位置や方向などが「変わる」「移る」という意味の動詞。通常 shift（from ～）to…「（～から）…へ変わる（移る）」という形で使われます。したがって、the focus shifted to aid で「焦点は（生存者の捜索から）支援へと移った」ということです。
- ハイチ政府は、これまでに首都ポルトープランス圏で収容された遺体の数から、犠牲者数が15万人を超えたことを発表しました。この数は今後もさらに増える見通しとされています。

Avatar Beats Titanic as Top-grossing Movie Ever

James Cameron's Avatar became the world's all-time highest-grossing movie, beating his own Titanic's $1.843bn, in just six weeks after its release.

Jan28,2010

・☞ チェック！・

□ **top（highest）-grossing movie** 興行収益が最高の映画

□ **all-time** これまでで最も〜な

対訳

「『アバター』、『タイタニック』を抜いて興行収益が史上最高に」

公開からわずか6週間でジェームズ・キャメロン監督の『アバター』が、同監督による『タイタニック』の18億4300万ドル(1660億円)を上回り、世界興行収益で歴代1位の映画となった。　　2010年1月28日

訳出のポイント

- beat は「殴る」「叩きのめす」という意味から敵・競争相手などを「打ち負かす」「やっつける」というニュアンスで使われる動詞。英字新聞ではスポーツ関連の記事などでも頻出の単語なので、再確認しておきましょう。

- gross は、もともと「全体の」「総計の」という意味の形容詞で、そこから「総計」という意味の名詞、「〜の総収益を上げる」という意味の動詞にもなっています。ここでは、top-grossing で「最高の収益を上げる(上げた)」という意味の形容詞として登場しています。また、本文で使われている highest-grossing も全く同じ意味です。

- all-time は「これまでで最も〜な」という意味の形容詞。all-time bestselling CD「これまでで一番よく売れたCD」という具合に使います。そこで、the world's all-time highest-grossing movie で「世界のこれまでで最も興行収益が高い映画」→「世界興行収益で歴代1位の映画」ということ。

- 予想されていたことですが、『アバター』が世界の興行収益で、『タイタニック』を抜いて歴代1位に躍り出ました。ジェームズ・キャメロン監督は12年前に打ち立てた記録を、自ら更新する形になったわけです。『タイタニック』が18億4300万ドルという数字を公開後約1年半かけて達成したのに対して、『アバター』ではわずか6週間(正確には39日間)で18億5500万ドルを上げたというスピードも驚異的です。

Apple Unveils iPad

Apple Inc. unveiled its new tablet device, called iPad on Wednesday. The new gadget that bridges the gap between smartphones and laptops will be available at a surprisingly low price of between $499 and $829 in the U.S.　　　　　　　　　Jan29,2010

チェック!
- **unveil**[ʌnvéil] 発表する
- **gadget**[gǽdʒit] 道具、装置、面白い小物
- **bridge the gap between** 〜の間のギャップ（溝）を埋める
- **available**[əvéiləbl] 市販されている

✎ 対訳

「アップル、iPad を発表」

アップル社が水曜日に、iPad という名前の新しいタブレット型携帯端末を発表した。スマートフォンとノート PC のギャップを埋めるこの新ガジェットは、米国では 499 ドルから 829 ドルという意外に安価で販売される。

2010年1月29日

👍 訳出のポイント

- veil はもともと「覆い」「ベール（修道女や花嫁などがかぶる布）」という意味の名詞。ここから、「ベールをかぶせる」→「覆い隠す」という意味の動詞にもなっています。そして、この veil に反対の行為を表す接頭辞 un- がついた unveil は「ベール（覆い）を取る」ということから、「（秘密になっていたものを）明らかにする」→「公表する」「発表する」という意味の動詞です。英字新聞では、今日のように新製品などを初めて「公にする」「発表する」という文脈で頻出の重要単語なので、しっかりチェックしておきましょう。

- tablet「タブレット」というと「錠剤（型）」としてよく知られていますが、「平板」「書き板」のように平たい板型のものについても使われる名詞です。コンピュータ用語では、電子ペンなどでタッチして記入できる（タッチスクリーンの）平板型装置を「タブレット」と呼びます。今回発表された iPad もちょうど iPhone を大きくしたような平板型なので、tablet device と呼ばれているわけです。gadget は、目新しい、ちょっとした、あるいは気のきいた便利な機械・装置・仕掛けなどを表す名詞。近年では、とくに携帯用の電子機器を指すことが多くなっています。厳密な定義はないのですが、デジタルカメラや携帯オーディオプレーヤー、IC レコーダー、PDA（携帯情報端末）、スマートフォン、携帯ゲーム機などを「ガジェット」といいます。

石田健の『日々雑感』

僕が好きな海外旅行先（3）
グアム、サイパン

　やはり一番よく行くのがグアムです。日本から近いし、便利です。タモン湾のホテルに泊まり、ほぼ毎日のようにゴルフ場へ行きます。グアムでは必ずレンタカーを借ります。

　ゴルフ場は、本当はマンギラオが好きなのですが、最近は子どもと一緒にプレーするので、マンギラオは12歳以下は入場できないから、スターツというゴルフ場へ行くようになりました。近年グリーンキーパーが替わったらしく、管理も5年くらい前に比べるとすごく良くなってます。

　ゴルフから帰ると、ランチを食べ、海で泳いだり、プールサイドで読書です。タモン湾の入り口にあるニッコーホテル付近では、手軽に釣りができます。

　海の透明度といえば、サイパンが一番です。フィジーやモルディブへも行ったことありますが、ビーチの透明度はサイパンがダントツ。島全体が非常に小さいので、レンタカーがあればどのビーチでも行くことができ、さらに人が全くいない隠れビーチも多数。

　最近は水中撮影可能なデジカメが各社から出ています。2、3万円で購入できますから、ぜひ水中デジカメを持って、海中の風景を撮影してくださいね！

February, 2010
2010 年 2 月

- U.S. Author J.D. Salinger Dies at 91 (Feb1, 訃報)

- Beyonce Wins 6 Awards at the Grammy (Feb2, 芸能)

- Toyota U.S. Sales Hit by Massive Recall (Feb4, 経済)

- Daiki Kameda Captures WBA Flyweight Title (Feb9, スポーツ)

- Blizzards Paralyzes U.S. Capital (Feb12, 国際)

- Beer May Help Increase Bone Strength (Feb16, 科学)

- Speedskater Duo Chalks Up First Olympic Medals for Japan (Feb17, スポーツ)

- King Tutankhamun Likely Had Clubfoot, Killed by Malaria (Feb18, 科学)

- Shinobu Terajima Wins Best Actress Award at Berlin Film Festval (Feb23, 文化)

- Toyota Says Company 'Grew Too Fast' (Feb25, 経済)

- Trainer Attacked and Killed by Orca at Florida's SeaWorld (Feb26, 社会)

U.S. Author J.D. Salinger Dies at 91

American novelist J.D. Salinger, best known as the author of "The Catcher in the Rye," died of natural causes at his home in New Hampshire at the age of 91.　　　　　　　　　　　　　　Feb1,2010

☞チェック！

- **author**[ɔ́:θər] 著者、作家
- **novelist**[nάvəlist] 小説家
- **die of natural causes**　老衰で死ぬ

✍ 対訳

「米作家の J.D. サリンジャー氏が死去、91 歳」

米小説家で『ライ麦畑でつかまえて』の著者としてよく知られている J.D. サリンジャー氏が、ニューハンプシャー州の自宅で老衰のため亡くなった。91 歳だった。

2010 年 2 月 1 日

☞ 訳出のポイント

- author の語源は「生み出す人」「創作者」という意味のラテン語 auctor。「著者」「作者」「著述家」あるいは「作家」にあたる単語です。これに対して、novelist は novel「小説」から派生した名詞で「小説家」です。
- (be) best known as ~ は「~として最も知られている」「~としてよく知られている」という表現。そこで、カンマに挟まれた best known as the author of "The Catcher in the Rye" の部分は、『ライ麦畑でつかまえて』の著者としてよく知られている」と、直前の J.D. Salinger を説明しています。
- die of ~ は「~で（のために）死ぬ」という意味の句動詞。そして、natural causes は「自然な原因」なので、die of natural causes で「自然の原因のために死ぬ」という言い方。通常は、unnatural death「変死」に対する natural death「自然死」という文脈で「自然死である」、あるいは今日のように、病気や怪我などではなく「自然に老衰で死ぬ」という意味で使われる表現です。
- 20 世紀を代表する米小説家の一人である J.D. Salinger こと Jerome David Salinger は、かなりの変わり者としても有名でした。1951 年に発表した The Catcher in the Rye は米国のみならず全世界でベストセラーになりました。これまでに 6500 万部以上を売り上げ、現在でも "若者のバイブル" 的な小説として人気は根強く、毎年 25 万部が売れているそうです。

Beyonce Wins 6 Awards at the Grammies

R&B singer Beyonce won six trophies, including song of the year, at the 52nd Grammy Awards on Sunday, boosting her career tally to 16.　Feb2,2010

☞チェック！

- **boost**[bú:st] 〜を増やす
- **tally**[tǽli] 得点

対訳

「グラミー賞、ビヨンセが6冠」

日曜日の第52回グラミー賞授与式で、R&Bシンガーのビヨンセが最優秀楽曲賞を含む6つの賞を受賞し、これまで獲得したグラミー賞の総数を16とした。 2010年2月2日

訳出のポイント

- R&B は、音楽のジャンルのひとつである rhythm and blues「リズム・アンド・ブルース」の略。もともとは、1940年代後半のアメリカで、ジャズ、ブルース、ゴスペルなどのブラック・ミュージックが融合・発展する中で生まれた音楽です。時代を経るにしたがって、ソウル・ミュージック、ブラック・コンテンポラリーなどと呼ばれるジャンルとクロスオーバーしつつ、現在では歌い手を黒人アーティストに限定しない、歌唱重視のポピュラー音楽の一大領域を指す言葉となっています。

- trophy の語源は「戦勝記念碑」という意味のギリシア語 tropaion。ここから、狩猟や戦勝などの「記念品」「戦利品」という意味の英単語となります。それが、競技・スポーツなどの「優勝記念品」を指して使われるようになり、日本語の「トロフィー」もこの意味になっています。
  win a trophy は文字通り「トロフィーを獲得する」→「優勝する」「受賞する」という言い方です。今日の場合は、won six trophies で「6つのトロフィーを獲得した」→「6つの賞を受賞した」の意味になっています。

- tally の語源は「小枝」「木片」という意味のラテン語 talea です。15世紀くらいの欧州では昔、負債額や支払額の刻み目をつけた木片を縦に割り、借り手・貸し手がそれぞれ半片を保持しました。この「割符」「合札」が tally と呼ばれたのです。ここから、「勘定書」「帳簿」「得点」「記録」などを意味する名詞となっています。

Toyota U.S. Sales Hit by Massive Recall

Toyota Motor's U.S. sales dropped by 15.8% in January as its unprecedented recall of millions of vehicles due to accelerator problems has been taking a toll.   Feb4,2010

チェック！

- **massive**[mǽsiv] 大規模な
- **unprecedented**[ʌnprésidəntid] 前代未聞の
- **vehicle**[ví:əkl] 車両
- **accelerator**[əksélərèitər] アクセル
- **take a toll** 大きな打撃を与える

対訳

「トヨタ、大規模リコールで米国売上に打撃」

アクセルの不具合による数百万台という前代未聞のリコールが大きな打撃となっているトヨタ自動車は、1月の米国内売上が15.8％減少した。　　　　　　2010年2月4日

訳出のポイント

- recall はもともと「思い出す」「呼び戻す」といった意味の動詞。ここから、「（商品などを）呼び戻す」→「回収する」という意味でも使われます。通常、製品に欠陥があることが判明した場合に、法令により、あるいは製造・販売者の判断で回収および無償修理・交換・返金などの措置を行うことを「リコール」といいます。
今回トヨタはアクセルペダルに不具合が生じる可能性があるとして、米国および欧州で販売した8車種約800万台のリコールを行っています。これは、まさに unprecedented「先例のない」「前代未聞の」規模のリコールです。

- toll は death toll「犠牲者数」「死亡者数」などの言い方で、英字新聞でもよく登場する名詞。「通行料」「通話料」「使用料」などの"料金"の意味でも使われますし、「損害」「犠牲」「被害」といった意味にもなります。そこで take a toll で「大きな被害を与える」「大打撃を与える」「大損失をもたらす」という表現です。1月の米新車販売台数は前年同月比で6.3％増と、市場回復を示す数字となりました。その中で、トヨタ自動車は、大規模リコールと主力8車種の販売停止の影響から、15.8％減という著しい後退をみました。

- 今回のリコール問題では、目前の業績だけではなく、トヨタの、ひいては日本製自動車の安全性神話の崩壊であり、ブランドのイメージが長期的に損なわれてしまうのではないか、という懸念も聞かれます。

Daiki Kameda Captures WBA Flyweight Title

Challenger Daiki Kameda beat champion Denkaosan Kaovichit of Thailand by unanimous decision to claim the WBA flyweight title on Sunday, joining his older brother Koki, the current WBC flyweight crown holder, as the first Japanese sibling pair of world boxing champions. Feb9,2010

• ☝チェック！•
- ☐ **flyweight**[fráiwèit] フライ級の
- ☐ **unanimous decision** （満場一致の）判定勝ち
- ☐ **sibling**[síbliŋ] 兄弟、姉妹

✍ 対訳

「亀田大毅、WBA フライ級の王者に」

日曜日に挑戦者亀田大毅選手がタイ人チャンピオンのデンカオセーン・カオウィチット選手を全員一致の判定勝ちで下し、世界ボクシング協会のフライ級王座を獲得した。亀田選手は、現 WBC（世界ボクシング評議会）フライ級チャンピオンである兄の興毅選手とともに、日本人としては初めて兄弟そろっての世界チャンピオンとなった。

2010年2月9日

👍 訳出のポイント

- WBA は World Boxing Association の略で「世界ボクシング協会」。プロボクシングの世界王座認定団体のひとつで、WBC（= World Boxing Council）「世界ボクシング評議会」、IBF（= International Boxing Federation）「国際ボクシング連盟」、WBO（= World Boxing Organization）「世界ボクシング機構」などの元でもある最も古い団体です。

- capture は「捕らえる」「獲得する」という意味の動詞で、capture the title で「タイトルを獲得する」。今日のタイトルでは Captures WBA Flyweight Title なので、「WBA のフライ級タイトル（= 王座）を獲得する」ということです。また、本文の方では capture ではなく claim が用いられています。こちらは「主張する」「断言する」などの意味の動詞として知られていますが、「獲得する」の意味もあるので、claim the title も「王座を獲得する」「優勝する」という言い方です。

- decision は「決定」「解決」「決心」などの意味で知られる名詞ですが、ボクシングなど格闘技では「判定勝ち」の意味で使われます。unanimous は「満場一致で」「全員一致の」という意味の形容詞なので、by unanimous decision で「全員一致の判定勝ちで」。

245

Blizzard Paralyzes U.S. Capital

The second blizzard in a week hit the Northeastern U.S. on Wednesday, breaking a 111-year-old snowfall record in the nation's capital Washington D.C. to force government, schools, and businesses to shut down for four straight days.　　　Feb12,2010

• 👉 チェック！ •
- ☐ **blizzard**[blízərd] 猛吹雪、暴風雪
- ☐ **paralyze**[pǽrəlàiz] 〜を麻痺させる
- ☐ **snowfall record**　積雪記録

対訳

「猛吹雪で米首都圏が麻痺」

米国北東部は水曜日、この1週間で2回目の猛吹雪に襲われた。首都のワシントンDCでは積雪記録が111年ぶりに更新され、政府・学校・ビジネスが4日連続で休業となった。
2010年2月12日

訳出のポイント

- blizzard は、rain storm「暴風雨」に対する snow storm「雪をともなう嵐」→「暴風雪」と同意で、通常は「猛吹雪」と訳されます。

- snowfall は「降雪」「積雪」なので、snowfall record で「積雪記録」。breaking a 111-year-old snowfall record で「111年前の積雪記録を破った」→「111年ぶりに積雪記録を更新した」ということです。

- 動詞 force は「〜を強要する」「〜を強いる」。force 人 to V で「人を無理に〜させる」「人に〜することを強いる」という言い方です。shut down は活動・営業・操業などを「中断する」「停止する」「休業する」という意味の句動詞。また、straight は「まっすぐな」という意味で知られる形容詞ですが、「連続の」という意味もあります。よって、for _ straight days で「__日間連続で」という言い方。force government, schools, and businesses to shut down for four straight days の部分は、「(この1週間で2回目の猛吹雪が)4日連続で政府・学校・ビジネスに休業することを強いる」→「(猛吹雪によって)政府・学校・ビジネスは4日連続で休業を余儀なくされる」となります。

- National Oceanic and Atmospheric Administration (= NOAA)「米国海洋大気庁」によると、今回の連続猛吹雪により、米首都圏のこの冬の積雪量は 139.4 センチに達しました。これは、1898 〜 1899 年に記録した 138.2 センチを上回る観測史上最高記録ということです。

Beer May Help Increase Bone Strength

Drinking beer could be helpful to keep bones strong because it is rich in silicon, which promotes bone mineral density, a new study by scientists at the University of California suggested.　　Feb16,2010

• ☜チェック！•
- ☐ **bone strength**　骨の強度
- ☐ **promote**[prəmóut] 促進する、向上させる
- ☐ **bone mineral density**　骨ミネラル濃度

✏️ 対訳

「ビールで骨が強くなる？」

ビールには骨ミネラル濃度を向上させるシリコンが多く含まれるため、ビール摂取は骨の強度を保つのに役立つ可能性がある。カリフォルニア大学の科学者らによる新研究が示唆した。　　　　　　　　　　　　　　　2010年2月16日

👍 訳出のポイント

- strength は形容詞 strong「強い」の名詞形で「力」「強さ」「強度」。bone strength で「骨の強度」の意味です。そこで、タイトルを直訳すると「ビールは骨の強度を増加するのに役立つかもしれない」となりますが、対訳ではシンプルかつ分かりやすいように「ビールで骨が強くなる？」としています。

- このタイトルでは、動詞 help は help V の形で「〜するのに役立つ」「〜する助けになる」という意味になっていますが、本文では形容詞 helpful「役立つ」「助けになる」が使われています。(be) helpful to keep bones strong で「骨を強く保つために役立つ」→「骨の強度を保つのに役立つ」ということです。

- rich は「金持ちの」「ぜいたくな」という意味の形容詞としてよく知られていますが、大本の意味は「豊かである」「恵まれている」です。つまり、それが金銭的なもの、物理的な意味で使われると「金持ちの」にあたる語になるわけです。
  (be) rich in 〜で「〜に恵まれている」「〜に富む」→「〜を多く含む」という言い方になります。そこで、it is rich in silicon で「シリコンを多く含む」ということです。silicon「シリコン」は「ケイ素」とも呼ばれる元素で、人間の骨・爪・腱・血管・歯などの強度を保つのに不可欠といわれます。

Speedskater Duo Chalks Up First Olympic Medals for Japan

Keiichiro Nagashima and Joji Kato won silver and bronze, respectively, in the men's 500-meter speedskating on Monday, scoring the first medals for Japan at the 2010 Winter Olympics.

Feb17,2010

• 👆チェック！ •

- **duo**[d(j)úːou] **2人組**
- **chalk up**（得点などを）得る
- **respectively**[rispéktivli] それぞれ、個々に
- **score**[skɔ́ːr] 手に入れる

✍ 対訳

「五輪、スピードスケートの2人が日本初のメダル」

月曜日に長島圭一郎選手と加藤条治選手が、スピードスケート男子500メートルでそれぞれ銀と銅を獲得し、2010年冬季オリンピックにおける初のメダルを日本にもたらした。
2010年2月17日

👍 訳出のポイント

- duo はもともとイタリア語で「二重奏」の意。英語でも音楽用語として「二重奏(唱)」あるいは「二重奏曲」「二重奏者」の意味です。そして、ここから「2人組」(= couple)や「2個1組のもの」を指すようになっています。そこで、タイトルの Speedskater duo は「スピードスケートの2人(組)」ということです。
- chalk は黒板に字などを書くのに用いる「白墨」で、すなわち日本語の「チョーク」の語源にあたる名詞です。ここから、チョークで書いた「記録」「得点」という意味にもなっています。そして名詞だけではなく「チョークで書く」「(チョークで得点などを)記録する」という意味の動詞としても使われるので注意しましょう。とくに chalk up という句動詞で「(得点を)記録する」→「(得点・成功を)獲得する」というニュアンスになります。つまり、chalks up first Olympic medals for Japan は「日本のために初めての五輪メダルを獲得する」→「日本に初の五輪メダルをもたらす」ということです。
- 同様に、本文後半の scoring the first medals for Japan at the 2010 Winter Olympics の部分も、「2010年冬季オリンピックで日本のために初のメダルを得る」→「2010年冬季オリンピックにおける初のメダルを日本にもたらす」となります。

King Tutankhamun Likely Had Clubfoot, Killed by Malaria

The Egyptian king Tutankhamun, famous for his awesome gold mask, may well have had a clubfoot, walked with a cane, and died of malaria, a study using state-of-the-art genetic testing and computer technology showed.　　　　　　　Feb18,2010

→ ☞ チェック！ ←

- □ **clubfoot**[klʌ́bfùt] 内反足
- □ **awesome**[ɔ́:səm] 荘厳な
- □ **may well**　おそらく～だろう
- □ **cane**[kéin] 杖
- □ **state-of-the-art**　最先端の
- □ **genetic testing**　遺伝子分析

✍ 対訳

「ツタンカーメン王は内反足、マラリアで死亡か」

荘厳な黄金のマスクで知られるエジプトのツタンカーメン王は、内反足で歩行には杖を必要とし、マラリアで死亡した可能性が高い。最新の遺伝子分析とコンピュータ技術を駆使した研究で明らかになった。　　　　2010年2月18日

👍 訳出のポイント

- clubfoot「内反足」とは、足の踵の骨の上に乗っている距骨という骨の形の異常と、その周囲の骨の配列異常による先天的な足の変形です。正常な足の場合は足裏が下を向いているのに対して、出生時から片側（あるいは両側）の足の裏が内側を向いています。1000人から2000人に1人の割合で発生し、女児よりも男児に多く、片足よりも両足にみられることが多い障害だそうです。

- 1922年に発見・発掘されたエジプト南部ルクソールの王家の谷にあるツタンカーメン王墓は、王のミイラにかぶせられた黄金のマスクで有名です。

- awesome は「畏敬」「畏怖」という意味の名詞 awe の後ろに接尾辞 -some がついたもの。-some は名詞・動詞・形容詞につけて「〜を引き起こす」「〜に適する」「〜の傾向がある」の意の形容詞をつくります。例えば、trouble「問題」「面倒」→ troublesome「問題を引き起こす」→「面倒な」「困難な」という具合です。そこで、awesome は「畏敬を引き起こす」「畏怖に値する」→「荘厳な」という意味の形容詞になります。ちなみに、米俗語では「素晴らしい」「すごい」「最高の」といった意味で用いられます。とくに若者言葉の「すげえ」「いけてる」、あるいは最近よく使われる「ヤバイ」などに近いニュアンスといえます。ただし、これらの意味の awesome はあくまでも口語・俗語で、フォーマルな場面には適さないので注意しましょう。

Shinobu Terajima Wins Best Actress Award at Berlin Film Festval

Shinobu Terajima was awarded the Silver Bear for best actress for her role in "Caterpillar" at the 60th Berlin International Film Festivalon on Saturday, becoming the first Japanese actress to win the prize in 35 years. Feb23,2010

チェック!

- □ (be) awarded 受賞する
- □ role[róul] 役、役柄

✏️ 対訳

「ベルリン映画祭、寺島しのぶさんに最優秀女優賞」

土曜日に第60回ベルリン国際映画祭で、寺島しのぶさんが『キャタピラー』で演じた役で最優秀女優賞（銀熊賞）を受賞。日本人女優としては35年ぶりの快挙となった。

2010年2月23日

👍 訳出のポイント

- award は Academy Awards「アカデミー賞」などの「賞」あるいは「賞品」「賞金」という意味の名詞としてよく知られていますが、もともとは「（賞などを）与える」「授与する」という意味の動詞です。今日の場合は受動態 (be) awarded で「賞を与えられる」→「受賞する」ということです。

- role の語源は古フランス語の rolle で「役者のせりふを書いた巻物」の意味です。ここから、劇などの「役」「役柄」という意味の名詞です。また、日常生活の中で「役割」「役目」「任務」といった意味でも使われる基本単語になっています。日本語で「～で演じた役で…を受賞する」という場合には、win (= be awarded) …for one's role in ～という形になります。今日の本文では、…の部分が the Silver Bear for best actress、～にあたる部分が "Caterpillar" で『『キャタピラー』で演じた役で最優秀女優賞を受賞した」ということです。

- ベルリン国際映画祭は世界最大映画祭のひとつで、毎年2月にドイツのベルリンで開催されます。最高賞は最優秀作品賞にあたる金熊賞 Golden Bear で、銀熊賞 Silver Bears として、審査員グランプリ、男優賞、女優賞、監督賞などが続きます。第60回の今年は、日本人女優寺島しのぶさんが最優秀女優賞を受賞したというニュースです。日本人女優としては、1964年の左幸子さん、1975年の田中絹代さんに続いて3人目の快挙ということです。

255

Toyota Says Company 'Grew Too Fast'

Embattled Toyota admitted in its testimony for a U.S. congressional hearing that the company's rapid expansion might have contributed to safety issues which led to multimillion-vehicle recalls worldwide.

Feb25,2010

チェック!
- **embattled**[embǽtld] 敵に包囲された→四面楚歌の
- **testimony**[téstəmòuni] 証言
- **congressional hearing** 議会公聴会
- **rapid expansion** 急速な成長
- **contribute to** 〜の一因となる

✏️ 対訳

「トヨタ『会社の成長が速すぎた』」

四面楚歌状態にあるトヨタ自動車が、米議会公聴会の証言で、会社の急激な成長が一因となり、世界中で数百万台規模のリコールにつながった安全性の問題が生じた可能性を認めた。　　　　　　　　　　　　　　　　2010年2月25日

👍 訳出のポイント

- embattle は軍隊などに「戦闘隊形をとらせる」、あるいは町などを「要塞化する」「砦をかためる」という意味の動詞です。embattle はこの過去分詞が形容詞化したもので、「敵に包囲された」→「追い詰められた」「困難を抱えている」「四面楚歌の」といった意味で使われます。そこで Embattled Toyota はリコール問題で苦しむ「四面楚歌状態のトヨタ自動車」ということです。

- expansion は「拡大」「拡張」「膨張」という意味の名詞ですが、組織などの「発展」「成長」という意味にも用いられます。ここでは、rapid expansion でトヨタ自動車の「急速な拡大」→「急激な成長」を表しています。

- hearing はご存じのように動詞 hear「聞く」「聴く」の現在分詞からできた名詞。「聴力」「聴覚」の意味にもなりますが、公式の場で"聴くこと"すなわち「公聴会」「審問」「聴聞」といった意味でも使われる単語です。よって、U.S. congressional hearing で「米議会公聴会」ということです。

- contribute to ~ は「~に貢献・寄与する」という意味の句動詞。ここから「~の原因のひとつになる」「~の一因となる」というニュアンスでも使われる表現となっています。the company's rapid expansion might have contributed to safety issues の部分は「会社の急激な成長が安全性の問題の一因となった可能性がある」。そして、which 以下は safety issues を説明しているので、「世界中で数百万台規模のリコールにつながった安全性の問題」です。

Trainer Attacked and Killed by Orca at Florida's SeaWorld

A female trainer at the SeaWorld theme park in Orlando, Florida, died on Wednesday after being attacked by a killer whale.　　　　Feb26,2010

チェック!

- **orca**（= **killer whale**）[ɔ́ːrkə] シャチ
- **trainer**[tréinər] 調教師
- **theme park** テーマパーク

📝 対訳

「フロリダのシーワールド、調教師がシャチに襲われ死亡」

フロリダ州オーランドのテーマパーク『シーワールド』で水曜日、女性調教師がシャチに襲われ死亡した。

2010年2月26日

👍 訳出のポイント

- 「シャチ」はクジラ科ハクジラ亜目マイルカ科シャチ属に属するハクジラの一種です。つまり、イルカと同様にクジラ科の哺乳類ということで、英語では killer whale といいますが、学名でもある orca も同じ意味で使われます。

- train は「訓練する」「トレーニングする」という意味の動詞。「～をしつける」「～を教え込む」といったニュアンスにも使われる単語です。trainer はこの動詞 train の後ろに「～する人」の意の接尾辞 -er がついたもので、「訓練する人」→「トレーナー」「コーチ」。今日の場合はシャチの trainer ですから、「調教師」ということになります。ちなみに、日本語でいう衣服の「トレーナー」は和製英語で、英語の trainer にこの意味はありません。「トレーナー」は英語では sweat shirts というので注意しましょう。また、英国では、「運動靴」「スニーカー」のことを trainers といいます（米国では tennis shoes）。

- 今回の事故は、シャチのショー直前のプールサイドで起こりました。亡くなった調教師は調教歴16年の40歳女性で、頭をなでていたシャチに突然腰のあたりをくわえられ水中に引きずりこまれたということです。また、襲った雄シャチは、これまでにも2度調教師と一般人の死亡事故に関わった過去があるとも報道されています。

石田健の『日々雑感』

石田の読書法

　複数の書籍を何冊も同時に読み進めるのが僕のスタイルです。いわば乱読です。ジャンルは小説あり、漫画あり、哲学、書評ありです。

　読んでもつまらない本は途中で読むのを放棄します。出版されている膨大な数の本で、今読んでる本と遭遇するのは、確率的には乗っている航空機が墜落するくらいの確率だと思うのです。また人生の時間も限られてますので、この貴重な時間をつまらない一冊に捧げる余裕はない、というのが持論です。

　僕は電車に乗らない生活を送っていますので自宅のソファかベッドあるいは会社の自室のソファに寝転んで読むケースが多いです。あとお風呂に入りながらも読みます。本というのは濡れてもくっつきません。

　本はほとんど全てアマゾンで購入します。購入履歴を見れば、いつ自分がその本を買ったか、いつ頃読んだのか一目で分かるのがいいですね。

　リコメンド機能でついつい、買わなくてもよかった本を、衝動買いしてしまうことも少なくありませんが(^^;

March, 2010
2010 年 3 月

● Mao Asada Wins Silver at Vancouver Games (Mar1, スポーツ)

● Ai Miyazato Captures Second Straight Win on LPGA Tour (Mar2, スポーツ)

● Japan's Princess Aiko Skips School with "Anxiety" (Mar8, 日本)

● "Hurt Locker" Wins 6 Oscars (Mar9, 芸能)

● Film Director Takeshi Kitano Receives France's Top Order of Arts (Mar11, 芸能)

● Report: Google "99.9 Percent" Sure to Shut Chinese Search Engine (Mar15, 社会)

Mao Asada Wins Silver at Vancouver Games

Japanese figure skater Mao Asada shed bitter tears, settling for the silver medal at the Vancouver Winter Olympics on Thursday, as her chief rival Yu-na Kim of South Korea took the gold with a world record score. Mar1,2010

• ☞ チェック！ •

☐ **shed bitter tears**　悔し涙をこぼす
☐ **settle for**　～という結果に甘んずる
☐ **chief rival**　最大のライバル

✏️ 対訳

「バンクーバー冬季五輪、浅田真央は銀メダル」

日本人フィギュアスケート選手の浅田真央は木曜日、バンクーバー冬季オリンピックで銀メダルという結果に甘んじ、悔し涙をこぼした。浅田選手の最大のライバルである韓国のキム・ヨナ（金妍児）が世界歴代最高得点で金メダルを獲得した。　　　　　　　　　　　2010年3月1日

👍 訳出のポイント

- shed は人が涙や血などを「流す」「こぼす」という意味の動詞。
- bitter は、味が「苦い」「渋い」という意味で知られていますが、状況などが「苦々しい」「悲惨な」「つらい」という意味でも使われます。
- bitter tears は「つらい涙」「血の涙」「悲嘆の涙」「悔し涙」などの意味になります。ここでは、最大のライバルに敗れての涙ですから、「悔し涙」ということです。
- settle は「落ち着く」「定住する」などの意味の動詞。その他にも、問題・もめごとなどを「解決する」「決着をつける」といった場合にも使われます。settle for ～ は「～で決着をつける」ということですが、不本意、あるい不満足ながらも「～で承知する」「～で我慢する」「～で妥協する」という意味の句動詞になっています。つまり、settle for the silver medal は、銀メダルをいう結果を「不満足ながら受け入れる」「甘んずる」ということです。
- chief は日本語でも「チーフ」というように、組織などで最高の権限を持つ人を表す名詞。ここから、「最高の」「最重要の」という形容詞にもなっています。よって、chief rival は「最大のライバル」です。

Ai Miyazato Captures Second Straight Win on LPGA Tour

Ai Miyazato of Japan won the HSBC Champions on Sunday, becoming the first player in 44 years to open the LPGA Tour season with back-to-back victories.　　　　　　　　　　Mar2,2010

• 👉 チェック！ •
- **second straight win**　2連勝
- **back-to-back victories**　連勝

✍ 対訳

「宮里藍、米女子ツアーで開幕2連勝」

日本の宮里藍が日曜日、HSBC チャンピオンズで優勝。米女子ツアー開幕での連勝は44年ぶりだ。 2010年3月2日

👍 訳出のポイント

- 形容詞 straight は「まっすぐな」「一直線の」の意味でよく知られていますが、「連続した」という意味もあるので注意しましょう。そこで、straight win で「連勝」。通常は、前に序数をともない、_th straight win という形で「__連勝」となります。よって second straight win で「2連勝」ということです。

- また、back-to-back は主に米国で使われる言い方で、「続けざまの」→「連続した」。したがって、back-to-back victories も「連続した勝利」→「連勝」となります。ただし、こちらの場合は victories と複数形になることに注意しましょう。victory に替わって win を使うこともできますが、同様に back-to-back wins と複数形を取ります。

- 文の後半の becoming the first player in 44 years to open the LPGA Tour season with back-to-back victories の部分を直訳すると「44年で初めて、米女子ツアーのシーズンを連勝で開幕する選手となる」→「44年ぶりに、米女子ツアーの開幕を連勝で飾る選手となる」。つまり、シーズン開幕での同一選手の連勝は、米女子ツアーでは44年ぶりだったということです。

- LPGA ツアーのシーズン開幕2連勝は1966年以来の快挙。米女子ツアー史上5人目、日本人としては初の記録です。

Japan's Princess Aiko Skips School with "Anxiety"

Princess Aiko, the daughter of Crown Prince Naruhito, has been missing school, complaining of stomachaches and anxiety after "experiencing the wild behavior of a few boys," the Imperial Household Agency said.　　　　　　　　　Mar8,2010

👉 チェック！

- **anxiety**[æŋzáiəti] 不安、不安感
- **crown prince**　皇太子
- **complain**[kəmpléin] 訴える
- **stomachache**[stʌ́məkèik] 腹痛
- **Imperial Household Agency**　宮内庁

✎ 対訳

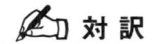

「愛子さま、『不安感』で不登校」

皇太子徳仁親王の娘である愛子さまが、「数人の男児に乱暴なふるまいを受けた」後で、腹痛と不安感を訴えて学校に行けない状態になっている、と宮内庁が伝えた。

2010年3月8日

👍 訳出のポイント

- princess は「王女」「王妃」。日本の皇室でいうところの「内親王」にあたる語も、英語だと princess になります。
- 日本のメディアでは "愛子さま" という呼び方が一般的なので、対訳でも「愛子さま」としましたが、Japan's Princess Aiko は正式には「日本の敬宮愛子内親王（としのみや　あいこ　ないしんのう）」ということです。また、次代の天皇（王）となるべき皇子（王子）である「皇太子」は crown prince といいます。ただし、英国では crown prince ではなく the Prince of Wales が「皇太子」の意味で使われます。
- skip は日本語でも「スキップする」というように、もともと「飛び跳ねる」という意味の動詞。ここから、「飛ばす」→「抜かす」といった意味にも使われます。たとえば、I will skip the dessert.「デザートは抜きます」→「デザートは結構です（いりません）」という具合です。また、授業や会合などについても「抜かす」→「サボる」「休む」ときに用いられます。ここでは、タイトルの skip school、本文の miss school ともに「学校を休む」「不登校の状態である」という意味になっています。
- complain は「不満（不平・文句・苦情）をいう」という動詞。そして、病気や苦痛などの症状を「訴える」という場合にも使われます。complain of 〜で「〜を訴える」になります。そこで、complaining of stomachaches and anxiety で「腹痛と不安感を訴える」ということ。

"Hurt Locker" Wins 6 Oscars

Kathryn Bigelow became the first woman to win the Academy Award for directing on Sunday, as her Iraq war film "The Hurt Locker" took six trophies including best film. Mar9,2010

• ☝ チェック！ •

□ **Oscar**[ɑ́skər] アカデミー賞で授与されるオスカー像

対訳

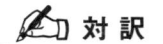

「アカデミー賞、『ハート・ロッカー』が6部門で受賞」

日曜日にキャスリン・ビグロー監督が女性として初のアカデミー賞監督賞を受賞した。ビグロー監督のイラク戦争映画『ハート・ロッカー』は、最優秀作品賞を含む6部門を獲得した。
2010年3月9日

訳出のポイント

- Oscar は Oscar Statuette「オスカー像」の省略で、アカデミー賞で受賞者に授与される黄金のトロフィー（裸の男性の立像）の愛称です。ここから、「アカデミー賞」自体を Oscar と呼ぶことも一般的になっています。そこで、タイトルの win 6 Oscars は「オスカー像を6個獲得する」→「6部門で受賞する」ということです。

- 今日の本文の前半の Kathryn Bigelow became the first woman to win the Academy Award for directing の部分を直訳すると「キャスリン・ビグローはアカデミー賞（最優秀）監督賞を受賞する最初の女性となった」。対訳では、「キャスリン・ビグロー監督が女性として初のアカデミー賞監督賞を受賞した」としています。

- take the trophy は文字通り「トロフィーを獲得する」で、優勝や受賞を表す言い方のひとつです。ここでは took six trophies で「6つのトロフィーを獲得した」→「6部門で受賞した」となります。

- 世界興行収入で史上最高記録を更新している3DのSF大作「アバター」は、「ハート・ロッカー」と同じく最多の9部門でノミネートされていましたが、受賞は視覚効果賞など3部門受賞にとどまりました。注目されていた元夫婦対決は、元妻ビグロー監督の完全勝利という結末だったわけです。

Film Director Takeshi Kitano Receives France's Top Order of Arts

Japanese film director Takeshi Kitano was conferred on Tuesday France's highest honor for arts and culture in recognition of his achievements.

Mar11,2010

• ☞チェック！•

- □ **order** (= **honor**) 勲章
- □ **confer**[kənfə́:r] ～を授与する
- □ **in recognition of** ～を認めて
- □ **achievement**[ətʃíːvmənt] 功績

✍ 対訳

「北野武監督、仏の最高芸術勲章を受章」

日本の映画監督北野武氏が火曜日、その功績が認められ、フランスの芸術文化勲章の最高章を授与された。

2010年3月11日

👍 訳出のポイント

- order は「注文する」「命令する」という意味の動詞、あるいは「命令」「指令」「注文」などの意味の名詞として頻出の基本単語。今日は「勲章」という意味の名詞として登場しています。同様に、honor も「名誉」「名声」「評判」という意味の名詞ですが、「勲章」「表彰」といった意味にもなります。そこで、タイトルの top order of arts は「最高の芸術勲章」、本文の highest honor for arts and culture は「最高の芸術文化勲章」ということです。

- confer はフォーマルな語で、恩恵・贈物・資格・称号などを「授与する」「贈る」という動詞。今日の場合は was conferred 〜と受動態で「〜を授与された」となっています。

- recognition は動詞 recognize「認める」の名詞形で「認識」「承認」です。in recognition of 〜で「〜を認めて」という言い方。功績などを称える際によく使われる表現となっています。

- achievement も動詞 achieve「達成する」「成功する」の名詞形で、「達成」「成果」「業績」「功績」といった意味で頻出の語です。したがって、in recognition of his achievements で「彼（北野監督）の功績を認めて」となります。

- ヨーロッパ、とくにフランスでは映画監督として非常に高い評価を得ている北野武監督。今回は仏芸術文化勲章の最高章コマンドゥールが授与されました。

271

Report: Google "99.9 Percent" Sure to Shut Chinese Search Engine

Google, the world's largest search engine, is now "99.9 percent" certain to leave China as its talks with the communist nation have reached an apparent impasse, the Financial Times reported on Saturday.

Mar15,2010

• ☞チェック！•
- **apparent**[əpǽrənt] 明らかな、明白な
- **impasse**[ímpæs] 行き詰まり

✍ 対訳

「報道:グーグルが『99.9%』中国語検索エンジンを閉鎖か」

検索エンジンの世界最大手、グーグルは、共産主義国中国との協議の行き詰まりが明白となったことから、「99.9%の確率で」同国から撤退するという。フィナンシャル・タイムズが土曜日に伝えた。　　　　　2010年3月15日

👍 訳出のポイント

- sure は「確信している」「確かな」という形容詞です。
- ここから、S is sure to V という形で「(人・物)が必ず~する」という言い方になります。したがって、Google 99.9% sure to shut Chinese search engine で「グーグルは99.9%の確率で中国語検索エンジンを閉鎖する」ということです。また、本文で用いられている certain も「~を確信している」という形容詞で、sure と同様に、S is certain to V で「(人・物)が必ず~する」です。
- 「会話する」「話す」という意味の動詞 talk は、基本中の基本単語ですが、名詞で「話すこと」「会話」という意味でも頻出です。とくに英字新聞では talks と複数形で「対話」「協議」あるいは「会議」「会談」といった意味で登場することが多いので注意しましょう。
- impasse はもともとフランス語で「通り過ぎることができない」→「袋小路」という意味です。そこから、交渉などの「行き詰まり」「こう着状態」「難局」といった意味で使われるようになっています。
- reach impasse は「行き詰る」「難局に達する」という言い方。したがって、have reached apparent impasse は「(協議が)明らかな行き詰まりに達した」→「(協議の)行き詰まりが明らかになった」ということです。
- The Financial Times (FT) は経済新聞として定評がある英国の日刊新聞。ニュースの信頼性も高いことから、各国の政府機関や企業が主要情報源として活用しています。

索 引 INDEX

〈単語別〉では、【チェック！】欄に出てくる重要単語・熟語類を、アルファベット順に並べました。
〈ジャンル別〉では、英字新聞の内容に合わせて並べました。
チェック欄□も利用して、学習のまとめ・単語の総整理などにお使いください。

〈単語別〉

A

- □ a score of youths 200
- □ accelerator 242
- □ accumulate 128
- □ achievement 270
- □ adolescent 38
- □ affect transportation 150
- □ aide 226
- □ air station 206
- □ alleged corruption 52
- □ allegedly 116
- □ allergy 38
- □ all-time 232
- □ alter one's appearance 180
- □ Alzheimer's (disease) 220
- □ anesthetic 120
- □ annual commemoration day 90
- □ antitrust violation 42
- □ anxiety 266
- □ apparent 272
- □ application fee 176
- □ appointed 68
- □ arm (= weapon) 202
- □ arsenic-laced 26
- □ assassination 200
- □ asthma 38
- □ astronaut 212
- □ Atlantic Ocean 60
- □ atomic bombing 90
- □ attempt 176
- □ author 238
- □ available 234
- □ average temperature 184

- [ ] award 152
- [ ] awesome 252

B
- [ ] back-to-back victories 264
- [ ] battered 96
- [ ] battered by 50
- [ ] (be) awarded 254
- [ ] (be) blessed with 208
- [ ] (be) buried alive 224
- [ ] (be) feared dead 60, 224
- [ ] (be) named 174
- [ ] (be) released from the hospital 190
- [ ] better-than-expected 156
- [ ] (be) under investigation 52
- [ ] (be) wrongfully convicted 160
- [ ] bid farewell 82
- [ ] blast off 212
- [ ] blizzard 246
- [ ] boarding school 72
- [ ] bone mineral density 248
- [ ] bone strength 248
- [ ] boost 240
- [ ] bore a hole 216
- [ ] bridge the gap between 234
- [ ] British Embassy 64

C
- [ ] C (= Celsius, centigrade) 184
- [ ] cane 252
- [ ] capitalism 196
- [ ] capture 76
- [ ] cargo plane 202
- [ ] catastrophic 184, 224
- [ ] cellphone (mobile phone) radiation 220
- [ ] chalk up 250
- [ ] Chapter 11 58
- [ ] Chapter 11 bankruptcy protection 170
- [ ] chest the winner 210
- [ ] chief rival 262
- [ ] chipmaker 42
- [ ] climate concerns 200
- [ ] clinch 140
- [ ] clubfoot 252
- [ ] clump 158

- ☐ CO2 emissions 184
- ☐ cocktail 120
- ☐ collide with 164
- ☐ commonly 48
- ☐ communist country 222
- ☐ Communist Party 68
- ☐ compete 112
- ☐ competitiveness 130
- ☐ complain 266
- ☐ complete 94
- ☐ condemn to death 26
- ☐ conduct 54
- ☐ confer 270
- ☐ congressional hearing 256
- ☐ consultancy 62
- ☐ containership 164
- ☐ contract 36
- ☐ contract worker 132
- ☐ contribute to 256
- ☐ coroner's office 120
- ☐ corporate earning 156
- ☐ cosmetic surgery 180
- ☐ cosmodrome 212
- ☐ critics 166
- ☐ crown prince 266
- ☐ cruelty 134

D
- ☐ death toll 230
- ☐ debt 228
- ☐ declare 162
- ☐ declare income 24
- ☐ defeat 140
- ☐ desert 218
- ☐ destroyer escort 164
- ☐ detained 104
- ☐ devastating 230
- ☐ die of natural causes 238
- ☐ dine on 154
- ☐ dinosaur 80
- ☐ disappear 60
- ☐ dissolve 92
- ☐ domestic demand 50, 132
- ☐ duo 250

E
- ☐ eager 22
- ☐ earn 20
- ☐ economic recovery 46, 66
- ☐ elect 44
- ☐ electric vehicle 16
- ☐ elude 180

- ☐ embattled 256
- ☐ emphasize 182
- ☐ encourage 46
- ☐ enter into a licensing agreement 126
- ☐ eraser 72
- ☐ establish closer ties 182
- ☐ European Commission 36
- ☐ eurozone 36
- ☐ exceed 88
- ☐ exchange gunfire 178
- ☐ expand 18
- ☐ exporter 222
- ☐ extra-time victory 210

F

- ☐ fail in 12
- ☐ fan mistrust 206
- ☐ fashion retailer 126
- ☐ feature 126
- ☐ Federal Reserve (Fed) 110
- ☐ file complaints 74
- ☐ file for bankruptcy 58, 170
- ☐ file for divorce 34
- ☐ final appeal 26
- ☐ financial regulatory reform 70
- ☐ fine 42
- ☐ finish tied 198
- ☐ fireworks 218
- ☐ firm intention 182
- ☐ flyweight 244
- ☐ follow the path 196
- ☐ following 106
- ☐ foreign reserves 88
- ☐ formally 136
- ☐ fossil 80
- ☐ fundraising 44

G

- ☐ gadget 234
- ☐ gain 186
- ☐ GDP 50
- ☐ general election 92
- ☐ generate 10
- ☐ genetic testing 252
- ☐ get～into orbit 12
- ☐ global condemnation 54
- ☐ global economic crisis 18
- ☐ go back to one's roots 64
- ☐ golden boy 76

- ☐ greenhouse gas emission 138

H
- ☐ hand down 42
- ☐ hard-hit 172
- ☐ heir 68
- ☐ highlight[152
- ☐ hire 132
- ☐ (hit) chart 194
- ☐ honor 186
- ☐ hostage 188

I
- ☐ icon of cuteness 64
- ☐ identify 48
- ☐ impasse 272
- ☐ Imperial Household Agency 266
- ☐ impose 42
- ☐ impressive 218
- ☐ in captivity 188
- ☐ in recognition of 270
- ☐ in the face of 54
- ☐ indication 96
- ☐ industrial raw materials 74
- ☐ influential 226
- ☐ injured 98
- ☐ insect 154
- ☐ International Olympic Committee 148
- ☐ internationally renowned 90
- ☐ investigation 116

K
- ☐ kidnap 188
- ☐ knock off 130

L
- ☐ laboratory complex 94
- ☐ land 102
- ☐ landslide victory 124
- ☐ large-scale 108
- ☐ late 72
- ☐ launch 84
- ☐ lay out 70
- ☐ lethal dose 120
- ☐ life-threatening 86
- ☐ log 50
- ☐ long-term exposure 220
- ☐ long-term stay 102
- ☐ lower house 92
- ☐ lyrics 200

M
- ☐ mainland 150

- ☐ make an unannounced visit 104
- ☐ make history 194
- ☐ make landfall 150
- ☐ make (miss) the cut 112
- ☐ malfunctioning 116
- ☐ massive 242
- ☐ may well 252
- ☐ memorial service 82
- ☐ metropolitan area 230
- ☐ minor car accident 190
- ☐ miss out on 118
- ☐ money list (title) winner 198
- ☐ moneylender 170
- ☐ Most Valuable Player (MVP) 174
- ☐ murder suspect 180

N

- ☐ name 186
- ☐ national emergency 162
- ☐ naval vessel 178
- ☐ new mark 118
- ☐ new strain of influenza 40
- ☐ Nikkei (Stock) Average 66
- ☐ Nobel Peace Prize 114
- ☐ novelist 238
- ☐ nuclear test 54
- ☐ nuclear weapon 152

O

- ☐ obesity 38
- ☐ offer 142
- ☐ online poll 20
- ☐ operating loss 18
- ☐ operating system 84
- ☐ optimism 46
- ☐ orca (= killer whale) 258
- ☐ order (= honor) 270
- ☐ Oscar 268
- ☐ outbreak 30
- ☐ outfielder 128
- ☐ outfit 94
- ☐ overtake 222

P

- ☐ paleontologist 80
- ☐ pancreatic cancer 86
- ☐ pandemic 30
- ☐ paper test 176
- ☐ paralyze 246

- ☐ People's Bank of China 88
- ☐ personalized 72
- ☐ PGA Championship 112
- ☐ pj's (= pajamas) 200
- ☐ plead not guilty 160
- ☐ pledge 138
- ☐ plunge 50
- ☐ PM (= Prime Minister) 136
- ☐ political figure 226
- ☐ political funding 226
- ☐ possession of stimulants 106
- ☐ potential 30
- ☐ prediction 36
- ☐ premiere 166
- ☐ previous year 88
- ☐ probe 116
- ☐ promote 14, 196, 248
- ☐ public indecency 28
- ☐ pull on 200
- ☐ pull out 172
- ☐ put off 206

Q
- ☐ qualify for 76
- ☐ queue 22

R
- ☐ raise money 14
- ☐ raise tension 206
- ☐ rally 46
- ☐ rapid expansion 256
- ☐ rapprochement 114
- ☐ rebound 110
- ☐ refuel 202
- ☐ relocate 206
- ☐ rendition 200
- ☐ replace 98
- ☐ reportedly 204
- ☐ residence 190
- ☐ respectively 250
- ☐ restrict 74
- ☐ retail sales 156
- ☐ retrial 160
- ☐ return 102
- ☐ reunite 14
- ☐ robust 156
- ☐ rock 108
- ☐ role 254
- ☐ rubble 224
- ☐ ruling coalition 206
- ☐ rural 52

S
- ☐ Samoa Islands 146

- [ ] satellite 12
- [ ] score 250
- [ ] second straight win 264
- [ ] seize 202
- [ ] settle for 262
- [ ] shed bitter tears 262
- [ ] short-range missile 54
- [ ] sibling 244
- [ ] simultaneously 166
- [ ] skirmish 178
- [ ] skyscraper 218
- [ ] slay 180
- [ ] snowfall record 246
- [ ] solid alliance 182
- [ ] South Pacific Islands 146
- [ ] spacecraft 212
- [ ] spacewalk 94
- [ ] species 154
- [ ] stabilize 96
- [ ] stage 148
- [ ] state-backed 228
- [ ] statement 110
- [ ] state-of-the-art 252
- [ ] stint 204
- [ ] stomachache 266
- [ ] storm to the top 194
- [ ] strait 164
- [ ] strip naked 28
- [ ] subsea earthquake 146
- [ ] succeed 44
- [ ] suffer from 86, 170
- [ ] surge 222
- [ ] survey 62
- [ ] suspicion 106
- [ ] swine flu 30
- [ ] swine flu infection 40

T

- [ ] take a ride 22
- [ ] take a stake 58
- [ ] take a toll 242
- [ ] take office 138
- [ ] take power 124
- [ ] tally 240
- [ ] tank 134
- [ ] tax return 24
- [ ] team up 16
- [ ] temporarily 98
- [ ] test positive 40
- [ ] testimony 256
- [ ] the Supreme Court 26
- [ ] theme park 258
- [ ] thief 216
- [ ] through the worst 110

- ☐ Tokyo Stock Exchange 196
- ☐ top 230
- ☐ top (= pass) 142
- ☐ top (highest) -grossing movie 232
- ☐ trainer 258
- ☐ Transcendental Meditation 14
- ☐ treatment 190
- ☐ tribesman 188
- ☐ trigger 146
- ☐ trim 158
- ☐ triumph 10
- ☐ turn oneself in 106
- ☐ turn (the) corner 96
- ☐ turnaround organization 228
- ☐ TV (television) rating 10
- ☐ two-wheeled 16

U

- ☐ unanimous decision 244
- ☐ under the influence of alcohol 28
- ☐ under the supervision of 228
- ☐ unfairly 74
- ☐ uninterrupted rule 124
- ☐ unprecedented 242
- ☐ unveil 234
- ☐ upmarket watch 216
- ☐ urban transportation 16
- ☐ urge 90
- ☐ urgent action 184

V

- ☐ Vanity Fair 20
- ☐ veggie 154
- ☐ vehicle 242
- ☐ Venice International Film Festival 134
- ☐ via 40
- ☐ vote 62

W

- ☐ warship 164
- ☐ widespread 162
- ☐ win praise 166
- ☐ withdrawal 172
- ☐ World Economic Forum 130
- ☐ worth 216

Y

- ☐ Yellow Sea 178
- ☐ youthful 208

〈ジャンル別〉

科学
- [ ] 2009/5/8 38
- [ ] 2009/7/8 80
- [ ] 2009/7/29 94
- [ ] 2009/8/3 102
- [ ] 2009/10/15 154
- [ ] 2009/11/19 184
- [ ] 2009/12/22 212
- [ ] 2010/1/8 220
- [ ] 2010/2/16 248
- [ ] 2010/2/18 252

経済
- [ ] 2009/4/13 18
- [ ] 2009/5/7 36
- [ ] 2009/5/20 46
- [ ] 2009/6/3 58
- [ ] 2009/6/19 70
- [ ] 2009/7/30 96
- [ ] 2009/8/14 110
- [ ] 2009/9/9 130
- [ ] 2009/10/16 156
- [ ] 2009/11/4 170
- [ ] 2010/1/12 222
- [ ] 2010/2/4 242
- [ ] 2010/2/25 256

芸能
- [ ] 2009/4/7 14
- [ ] 2009/4/15 20
- [ ] 2009/4/24 28
- [ ] 2009/5/1 34
- [ ] 2009/7/9 82
- [ ] 2009/8/10 106
- [ ] 2009/8/26 120
- [ ] 2009/9/14 134
- [ ] 2009/10/20 158
- [ ] 2009/10/30 166
- [ ] 2009/11/20 186
- [ ] 2009/12/1 194
- [ ] 2009/12/2 196
- [ ] 2010/2/2 240
- [ ] 2010/3/9 268
- [ ] 2010/3/11 270

国際
- [ ] 2009/4/6 12
- [ ] 2009/4/17 24
- [ ] 2009/4/27 30
- [ ] 2009/5/15 42
- [ ] 2009/5/21 48
- [ ] 2009/5/25 52
- [ ] 2009/5/27 54
- [ ] 2009/6/4 60
- [ ] 2009/6/11 62
- [ ] 2009/6/17 68
- [ ] 2009/6/26 74
- [ ] 2009/7/15 86
- [ ] 2009/7/16 88
- [ ] 2009/10/1 146
- [ ] 2009/10/26 162
- [ ] 2009/11/11 178
- [ ] 2009/11/16 182
- [ ] 2009/12/15 202
- [ ] 2010/1/6 218
- [ ] 2010/1/15 224
- [ ] 2010/1/26 230
- [ ] 2010/2/12 246

社会
- [ ] 2009/4/9 16
- [ ] 2009/4/16 22

- [ ] 2009/6/12 64
- [ ] 2009/6/25 72
- [ ] 2009/7/10 84
- [ ] 2009/8/20 116
- [ ] 2009/9/30 142
- [ ] 2009/11/10 176
- [ ] 2009/12/10 200
- [ ] 2009/12/18 208
- [ ] 2010/1/29 234
- [ ] 2010/2/26 258
- [ ] 2010/3/15 272

スポーツ
- [ ] 2009/4/1 10
- [ ] 2009/6/30 76
- [ ] 2009/7/31 98
- [ ] 2009/8/17 112
- [ ] 2009/8/25 118
- [ ] 2009/9/8 128
- [ ] 2009/9/28 140
- [ ] 2009/10/5 148
- [ ] 2009/11/6 172
- [ ] 2009/11/9 174
- [ ] 2009/11/30 190
- [ ] 2009/12/7 198
- [ ] 2009/12/16 204
- [ ] 2009/12/21 210
- [ ] 2010/2/9 244
- [ ] 2010/2/17 250
- [ ] 2010/3/1 262
- [ ] 2010/3/2 264

政治
- [ ] 2009/8/6 104

日本
- [ ] 2009/4/23 26
- [ ] 2009/5/11 40
- [ ] 2009/5/18 44
- [ ] 2009/5/22 50
- [ ] 2009/6/15 66
- [ ] 2009/7/17 90
- [ ] 2009/7/22 92
- [ ] 2009/8/12 108
- [ ] 2009/9/1 124
- [ ] 2009/9/2 126
- [ ] 2009/9/10 132
- [ ] 2009/9/17 136
- [ ] 2009/9/24 138
- [ ] 2009/10/9 150
- [ ] 2009/10/23 160
- [ ] 2009/10/29 164
- [ ] 2009/11/12 180
- [ ] 2009/11/25 188
- [ ] 2009/12/17 206
- [ ] 2010/1/4 216
- [ ] 2010/1/18 226
- [ ] 2010/1/20 228
- [ ] 2010/3/8 266

訃報
- [ ] 2009/8/19 114
- [ ] 2010/2/1 238

文化
- [ ] 2009/10/13 152
- [ ] 2010/1/28 232
- [ ] 2010/2/23 254

1日1分！英字新聞　エクスプレス

一〇〇字書評

切り取り線

購買動機（新聞、雑誌名を記入するか、あるいは○をつけてください）

- ☐ （　　　　　　　　　　　　　　）の広告を見て
- ☐ （　　　　　　　　　　　　　　）の書評を見て
- ☐ 知人のすすめで　　　☐ タイトルに惹かれて
- ☐ カバーがよかったから　☐ 内容が面白そうだから
- ☐ 好きな作家だから　　☐ 好きな分野の本だから

●最近、最も感銘を受けた作品名をお書きください

●あなたのお好きな作家名をお書きください

●その他、ご要望がありましたらお書きください

住所	〒				
氏名			職業		年齢
新刊情報等のパソコンメール配信を希望する・しない	Eメール	※携帯には配信できません			

あなたにお願い

この本の感想を、編集部までお寄せいただけたらありがたく存じます。今後の企画の参考にさせていただきます。Eメールでも結構です。

いただいた「一〇〇字書評」は、新聞・雑誌等に紹介させていただくことがあります。その場合はお礼として特製図書カードを差し上げます。

前ページの原稿用紙に書評をお書きの上、切り取り、左記までお送り下さい。宛先の住所は不要です。

なお、ご記入いただいたお名前、ご住所等は、書評紹介の事前了解、謝礼のお届けのためだけに利用し、そのほかの目的のために利用することはありません。

〒一〇一―八七〇一
祥伝社黄金文庫編集長　吉田浩行
☎〇三（三二六五）二〇八四
ohgon@shodensha.co.jp
祥伝社ホームページの「ブックレビュー」
http://www.shodensha.co.jp/
bookreview/
からも、書けるようになりました。

祥伝社黄金文庫　創刊のことば

「小さくとも輝く知性」──祥伝社黄金文庫はいつの時代にあっても、きらりと光る個性を主張していきます。

真に人間的な価値とは何か、を求めるノン・ブックシリーズの子どもとしてスタートした祥伝社文庫ノンフィクションは、創刊15年を機に、祥伝社黄金文庫として新たな出発をいたします。「豊かで深い知恵と勇気」「大いなる人生の楽しみ」を追求するのが新シリーズの目的です。小さい身なりでも堂々と前進していきます。

黄金文庫をご愛読いただき、ご意見ご希望を編集部までお寄せくださいますよう、お願いいたします。

平成12年（2000年）2月1日　　　　　　　　祥伝社黄金文庫　編集部

1日1分！英字新聞　エクスプレス

平成22年4月20日　初版第1刷発行

著　者	石田　健	
発行者	竹内　和芳	
発行所	祥伝社	

東京都千代田区神田神保町3-6-5
九段尚学ビル　〒101-8701
☎ 03（3265）2081（販売部）
☎ 03（3265）2084（編集部）
☎ 03（3265）3622（業務部）

印刷所　　萩原印刷
製本所　　ナショナル製本

造本には十分注意しておりますが、万一、落丁、乱丁などの不良品がありましたら、「業務部」あてにお送り下さい。送料小社負担にてお取り替えいたします。

Printed in Japan
©2010, Ken Ishida

ISBN978-4-396-31508-5　C0182

祥伝社のホームページ・http://www.shodensha.co.jp/

祥伝社黄金文庫

石田 健　1日1分！　英字新聞

超人気メルマガが本になった！"生きた英語"はこれで完璧。最新英単語と文法が身につく。

石田 健　1日1分！　英字新聞 Vol.2

「早く続編を！」のリクエストが殺到した『1日1分！英字新聞』第2弾！〈付録〉「英字新聞によく出る英単語」

石田 健　1日1分！　英字新聞 Vol.3

最新ニュース満載。TOEIC、就職試験、受験によく効く「英語の特効薬」ができました！

石田 健　1日1分！　プレミアム 英字新聞

超人気シリーズが今年はさらにパワーアップ！　音声サービスで、リスニング対策も万全。

石田 健　1日1分！　プレミアム2 英字新聞

累計40万部の人気シリーズ!!　TOEIC Testや受験に効果大。英単語、文法、リスニングが身につく!!

石田 健　1日1分！　プレミアム3 英字新聞

読める。聴ける。続けられる。ほんとうの英語力をつけたいのなら、この1冊！　カラー写真も満載！